ESQUISSES MARTINIQUAISES

COLLECTION

AUTREMENT MEMES

conçue et dirigée par Roger Little

Professeur émérite de Trinity College Dublin,
Chevalier dans l'ordre national du mérite, Prix de l'Académie française etc.

Cette collection présente en réédition des textes introuvables en dehors des bibliothèques spécialisées, tombés dans le domaine public et qui traitent, sous forme de roman, nouvelles, pièce de théâtre, témoignage, essai, récit de voyage etc., rédigés par un écrivain blanc, des Noirs ou, plus généralement, de l'Autre. Exceptionnellement, avec le gracieux accord des ayants droit, elle accueille des textes protégés par copyright, voire inédits. Des textes étrangers traduits en français ne sont évidemment pas exclus. Il s'agit donc de remettre à la disposition du public un volet plutôt négligé du discours postcolonial (au sens large de ce terme : celui qui recouvre la période depuis l'installation des établissements d'outre-mer). Le choix des textes se fait d'abord selon les qualités intrinsèques et historiques de l'ouvrage, mais tient compte aussi de l'importance à lui accorder dans la perspective contemporaine. Chaque volume est présenté par un spécialiste qui, tout en privilégiant une optique libérale, met en valeur l'intérêt historique, sociologique, psychologique et littéraire du texte.

> *« Tout se passe dedans, les autres, c'est notre dedans extérieur, les autres, c'est la prolongation de notre intérieur. »*
> Sony Labou Tansi

Titres parus et en perspective :

voir en fin de volume

Lafcadio HEARN

ESQUISSES MARTINIQUAISES

Tome I

Traduction de Marc LOGÉ
(Mercure de France, 1924)

sous le titre

CONTES DES TROPIQUES

Texte présenté et annoté par Mary GALLAGHER

L'Harmattan
5-7, rue de l'École-Polytechnique
75005 Paris
FRANCE

L'Harmattan Hongrie
Hargita u. 3
1026 Budapest
HONGRIE

L'Harmattan Italia
Via Bava, 37
10214 Torino
ITALIE

Photo de couverture, Frederick Gutekunst, 1889
Lafcadio Hearn, âgé de 39 ans, peu avant son départ pour le Japon

ISBN : 2-7475-5791-X
EAN : 9782747557917

INTRODUCTION

par Mary Gallagher

Mary Gallagher est notamment l'auteur de :

La Créolité de Saint-John Perse, Paris : Gallimard, NRF, 1998, avec un avant-propos d'Édouard Glissant

Soundings in French Caribbean Writing Since 1950 : The Shock of Space and Time, Oxford : Oxford University Press, 2002

Elle a également dirigé un ouvrage collectif :

Ici-Là : Place and Displacement in Caribbean Writing in French, Coll. Cross/Cultures, Amsterdam & New York : Rodopi, 2003

L'itinéraire de Lafcadio Hearn, « questionneur étrange »

Les *Esquisses martiniquaises* de Lafcadio Hearn font partie d'une tradition bien tracée de relations de voyage à fortes connotations ethnographiques, voire exotisantes, centrée sur les Antilles françaises. Que l'on pense aux écrits de voyageurs-missionnaires comme le Père Labat ou le Père Dutertre (tous deux cités par Hearn), aux témoignages plus récents de Claude Lévi-Strauss[1], de Paul Morand[2] ou encore à celui, bien plus nettement ethnologique, de Michel Leiris[3]. Or, en dépit de certains relents exotiques et d'une approche de la différence raciale qui n'échappe pas tout à fait aux œillères de son époque, le portrait très prenant des Antilles françaises brossé par Hearn est à la fois extraordinairement vivant et singulièrement attachant. Et il est tentant de mettre sur le compte de ses origines très particulières son attirance pour cet univers ainsi que l'absence relative de préventions de sa part.

Le milieu littéraire antillais ne s'est pas montré insensible à la tonalité aussi tendre qu'enthousiaste du témoignage antillais de Hearn. Édouard Glissant, Patrick Chamoiseau et Roger Toumson comptent parmi les nombreux auteurs et critiques qui ont salué son ouverture d'esprit, sans pour autant aller aussi loin que d'autres commentateurs martiniquais. Citons, par exemple, Émile Désormeaux, qui, dans sa préface à une réédition de *Youma, roman antillais*[4], va jusqu'à faire

---

1 Claude Lévi-Strauss, *Tristes tropiques,* Paris : Plon, 1955.

2 Paul Morand, *Hiver caraïbe,* Paris : Flammarion, 1928.

3 Michel Leiris, *Contacts de civilisations en Martinique et en Guadeloupe,* Paris : Gallimard/UNESCO, 1955.

4 Lafcadio Hearn, *Youma. Roman antillais*, Fort-de-France : Désormeaux, 1973. L'édition de 1973 reproduit la traduction de Marc Logé parue en 1923 au Mercure de France sous le titre *Youma. Roman martiniquais*. Le sous-titre de l'original ne correspond à celui d'aucun

de lui un Créole (voire un Antillais) honoraire. Pour Désormeaux, Hearn et Gauguin, « fils du Nord, mais passionnément épris de ces terres tropicales que l'un et l'autre découvrirent, [...] ont vécu le mot de Stendhal : la patrie est là où l'on est bien. Alors, passionnément et sans jeu, ils sont entrés en symbiose avec leur terre d'élection à tel point que l'autochtone lui-même n'a pas plus de titre qu'eux à s'en prévaloir »[5]. De même, le romancier martiniquais, Raphaël Confiant, préfacier de la récente réédition anglaise du principal texte antillais de Hearn, voit en ce dernier « l'un des écrivains les plus modernes de la deuxième moitié du dix-neuvième siècle », allant jusqu'à considérer qu'il « inventa ce que l'on appellerait de nos jours "l'identité multiple" ou la "créolité" »[6]. Par ailleurs, et confirmant en cela l'intérêt que les Antillais vouent au travail de cet auteur, la maison d'édition antillaise–guyanaise, Ibis rouge, a récemment fait paraître un recueil de contes inédits de Hearn, et l'éditeur guadeloupéen, Caret, réédita en 1998 son dictionnaire de proverbes créoles[7]. On ajoutera pour la petite histoire qu'une place à Fort-de-France porte le nom de Hearn, et qu'un poème de Césaire, intitulé « Statue de Lafcadio Hearn », témoigne

---

des deux traductions (*Youma. The Story of a West Indian Slave*, New York : Harper & Bros, 1890 (paru pour la première fois dans *Harper's Monthly Magazine* dans les numéros de janvier et de février 1890).

5 Hearn, *Youma* (1973), p. 6.

6 Lafcadio Hearn, *Two Years in the French West Indies*, Oxford : Signal Books, Collection : Lost and Found, 2001. Dans l'avant-propos de Raphaël Confiant (« Lafcadio Hearn : The Magnificent Traveler »), p. xii : « one of the most modern writers of the second half of the nineteenth century » ; « Hearn invented what today we might call " multiple identity" or "creoleness" ».

7 *Contes créoles II (Inédits)*, recueillis par Lafcadio Hearn, transcrits et traduits en français par Louis Solo Martinel, Lamentin (Martinique) : Ibis rouge, 2002 et *Gombo Zhèbes, petit dictionnaire de proverbes créoles sélectionnés par Lafcadio Hearn*, Gosier (Guadeloupe) : Caret, 1998 (1ère édition parue en 1885 chez W. H. Coleman, New York).

également du souvenir gardé aux Antilles du passage à la Martinique de celui que Césaire nomme ce « questionneur étrange » et de la relation passionnée qu'il a nouée avec l'île qui l'intriguait tant[8].

Qui fut donc ce « questionneur étrange » et en quoi son attirance pour les Antilles s'explique-t-elle par ses origines et par sa trajectoire existentielle particulières ? Peu commun, et pour le moins multipolaire, le parcours de Patrick Lafcadio Hearn (1850–1904) s'inscrit déjà dans ses origines insulaires, voire archipéliques. Il naquit en Grèce à Lefkas. Lorsqu'il avait deux ans, son père, Charles Bush Hearn, d'origine anglo-irlandaise et chirurgien dans l'armée britannique, fut muté des îles ioniennnes aux Antilles, d'abord à la Dominique, ensuite en Grenade. L'absence de son mari incita la mère du petit Lafcadio, Rosa Cassimati, d'origine grecque, à partir avec son fils en Irlande chez sa belle-famille. Peu de temps après que Charles Hearn l'eut rejointe à Dublin, Rosa, déjà enceinte du troisième fils du couple[9], James Daniel, mais plus ou moins répudiée par son mari, repartit en Grèce ; son deuxième fils ne la revit plus jamais. Comme Charles Hearn ne s'attarda pas à Dublin non plus, finissant par s'installer en Inde où il fonda un autre foyer avec sa deuxième femme (irlandaise), le petit Lafcadio se trouva effectivement, et dès quatre ans, orphelin de père et de mère. Il fut confié à Dublin à une grand-tante, veuve dévote, Mrs Sarah Brenane, qui s'était convertie à la religion catholique.

Il est tentant de croire que ses origines mixtes et son expérience précoce des ruptures et de la transplantation prédisposèrent Lafcadio Hearn à une vie d'errance marquée de déplacements multiples, et même à une certaine ouverture à l'aventure du métissage (racial, culturel, linguistique, etc.),

8 Aimé Césaire, *Ferrements*, Paris : Seuil, 1960, p. 44.

9 Un premier enfant, né illégitime, George Robert, mourut en août 1850 vers l'âge d'un an, deux mois après la naissance de Patrick Lafcadio.

dont la condition créole constitue l'exemple suprême. Et il est bien probable que sa position marginale d'enfant abandonné par ses parents et élevé dans un milieu féminin baignant dans une pieuse iconographie d'abord orthodoxe grecque et ensuite catholique, l'ait marqué aussi. N'aurait-elle pas contribué pour le moins au développement de la sensibilité à fleur de peau, voire morbide, de l'auteur des *Esquisses martiniquaises*[10] ?

Hearn quitta définitivement le milieu irlandais de son enfance lorsqu'il fut envoyé vers 1862 à l'école à l'étranger, tout d'abord (mais pendant une année seulement) à l'Institution ecclésiastique d'Yvetot où il manqua de peu Guy de Maupassant, né également en 1850, et ensuite dans le nord-est de l'Angleterre au collège (et séminaire) catholique de St Cuthbert à Ushaw. À l'âge de seize ans, l'année de la mort de son père d'une fièvre à bord d'un bateau dans le Golfe de Suez, il perdit l'œil gauche dans un accident de sport, et deux ans plus tard il dut interrompre ses études suite à la ruine financière de Mrs Brenane. Le jeune homme vécut ensuite quelque temps à Londres dans le foyer très modeste d'une ancienne servante de celle-ci, passant son temps à explorer les bas-fonds de la capitale et à nourrir sa passion pour la littérature. En 1869, il quitta définitivement l'Europe pour s'installer au « Nouveau Monde ». Ayant eu bien du mal à prendre son élan pendant les deux premières années qu'il passa à New York, il réussit bien mieux son séjour de six ans à Cincinnati, Ohio, où il se fit une niche comme journaliste spécialisé dans le sensationnalisme au *Cincinnati Enquirer*, puis au *Cincinnati Commercial*. Pendant cette période où il était connu sous le nom de « Paddy Hearn », il épousa une femme noire, fille d'une ancienne esclave, Alethea « Mattie »

10 Paul Murray évoque son obsession avec l'église catholique [« obsession with the Roman catholic church »]. Voir Paul Murray, *A Fantastic Journey. The Life and Literature of Lafcadio Hearn*, Folkestone, Kent : Japan Library, 1993, pp. 13–14.

Foley, qui l'aurait séduit avant tout par son talent de conteuse.

Comme le confirment à la fois ce mariage et les sujets de son journalisme de l'époque, le futur auteur des *Esquisses martiniquaises* était fortement attiré par la culture orale de la population noire des rives de la Mississippi, une population et une culture nettement marginalisées, pour ne pas dire infériorisées à l'époque. Mais si son départ pour le « Deep South » de la Louisiane s'explique en partie par la profondeur de cette attirance, il est certain que ce déplacement fut motivé aussi par la coloration française de ses affinités et de ses ambitions proprement littéraires. En effet, même pendant son séjour à Cincinnati, Hearn, fort de son année de scolarité en France et séduit surtout par le courant gothique du romantisme français, s'était essayé à des traductions littéraires, faisant paraître notamment un livre de traductions de plusieurs contes et nouvelles de Théophile Gautier[11]. Une fois installé à la Nouvelle-Orléans, il abandonna son premier prénom irlandais, plutôt prosaïque, pour le nom à consonance plus romantique de Lafcadio, et se mit à donner libre cours à ses aspirations littéraires. Ainsi fit-il paraître au *New Orleans Item* et au *New Orleans Times-Democrat* non seulement des articles – en forme de récits ou d'esquisses quasi littéraires – sur la culture créole[12], mais aussi une pléthore de traductions d'auteurs français. À sa période louisianaise on doit également son livre de proverbes créoles, *Gombo Zhèbes*, un livre de cuisine créole et enfin un roman, *Chita*, paru en 1888.

---

11 Théophile Gautier, *One of Cleopatra's Nights*, tr. L. Hearn, New York : Worthington, 1882, repris dans T. Gautier, *One of Cleopatra's Nights and other Fantastic Romances*, tr. L. Hearn, New York : Brentano's, 1900.

12 Bien des articles journalistiques de Hearn furent réunis après sa mort en des recueils comme *An American Miscellany,* éd. Albert Mordell, New York : Dodd, Mead & Co., 1924 ; *Occidental Gleanings,* éd. A. Mordell, New York : Dodd & Mead, 1925 ; et *Creole Sketches,* éd. Charles Woodward Hulson, Boston/New York : Houghton Mifflin, 1924.

Ce fut en 1887 que, quittant la Nouvelle-Orléans pour New York, Hearn fut retenu par *Harper's Magazine* pour écrire sur les Antilles, projet qui allait lui donner l'occasion d'approfondir ses affinités déjà manifestes avec l'univers créole. En juillet 1887 il mit donc le cap sur les tropiques. Son voyage de cinq mille kilomètres aux Petites Antilles, avec des escales plus ou moins brèves aux diverses îles, dura deux mois. De retour à New York fin août, il ne tarda aux États-Unis que quelques semaines avant de repartir dès octobre 1887 en Martinique, « pays des revenants », où il finit par séjourner pendant deux années. Lui-même explique comme suit cette impulsion : « comme bien d'autres avant lui qui quittait ces rivages enchantés, il se découvrait hanté par ce regret insistant, semblable à aucun autre, lequel constitue l'enchantement qu'exerce ce pays sur tous ceux qui s'en éloignent. Il y retourna donc, avec l'intention de rester quelques mois ; mais l'ensorcellement étant durable, il finit par y passer deux ans »[13]. Ce fut à la fin du séjour martiniquais, une fois qu'il avait réintégré le continent, que Hearn consigna la plupart de ses souvenirs et impressions de la Martinique, les faisant paraître en 1890 dans un ouvrage important, *Two Years in the French West Indies*. Ce volume, dont certains chapitres seulement avaient paru auparavant dans *Harper's Magazine*[14], comprend deux parties : « A Midsummer Trip to the Tropics » (texte fondé sur les impressions engrangées au cours de la croisière aux Petites Antilles) et un texte deux fois plus long, intitulé « Martinique Sketches ». Dans sa préface à

---

13 Hearn, *Two Years*, 2001, p. viii. Voir notre traduction de la préface de l'auteur dans la réédition prochaine (également dans la collection Autrement Mêmes) de Lafcadio Hearn, *Un Voyage d'été aux tropiques* .

14 En effet, le « Voyage d'été aux tropiques » y fut publié en trois parties (juillet, août et septembre 1888), « La Vérette » en octobre 1888, « Les Porteuses » en juillet 1889 et « La Grande Anse » en novembre 1889.

Two Years (préface absente de la traduction française, voir *supra*, la note 13), Hearn précise les circonstances de la genèse de cet ouvrage imposant. Quant à son deuxième livre d'inspiration antillaise, le roman intitulé *Youma*, il parut également en 1890, suivi à distance de deux recueils posthumes de contes créoles traditionnels : *Trois fois bel conte* en 1939[15] et *Contes créoles II* en 2001.

Force est de constater que l'œuvre créole et antillaise de Hearn a été plutôt négligée dans le monde anglophone (même si la belle réédition anglaise de *Two Years* en 2001 semble indiquer un certain regain d'intérêt), et ceci à l'inverse de son œuvre japonaise, bien plus connue du public et très étudiée par la critique. En effet, et comme pour parfaire sa vocation de « Créole », Hearn s'installa définitivement au Japon en 1890, où il se lança dans un processus de naturalisation culturelle, prenant un nom japonais, épousant une Japonaise, occupant un poste d'enseignant à l'université de Tokyo, donnant des noms japonais à ses cinq enfants et enfin consacrant son talent littéraire à une exploration poussée de l'imaginaire japonais[16]. Il mourut à Tokyo a l'âge de 54 ans, auteur d'une douzaine d'ouvrages ayant trait à son pays d'adoption.

C'est à Marc Logé (de son vrai nom Mary Cécile Logé), qu'est redevable le lecteur francophone de la version française non seulement des deux textes de *Two Years in the French West Indies* et du roman, *Youma*, mais aussi d'un très grand nombre d'ouvrages de la période japonaise. Remarquablement fidèle au style fluide, engageant et entraînant de Hearn, la traduction française des « Martinique Sketches », parue en un volume intitulé *Esquisses martiniquaises* en 1924,

---

15 *Trois fois bel conte*, Paris : Mercure de France, 1939, traduction française de Serge Denis avec le texte original en créole antillais. Préf. de Charles-Marie Garnier.

16 Paul Murray évoque son besoin constant de réinvention de soi, *op. cit.*, p. 13.

ne proposa toutefois au lecteur francophone qu'une partie – moins de la moitié – des « Martinique Sketches ». Et ceci sans que la préface du traducteur n'indique en rien qu'il soit question d'une version abrégée. Les chapitres prélevés ne correspondent donc qu'aux six premiers chapitres des « Martinique Sketches », texte composé de quatorze chapitres au total. Il faut dire que la traduction de la première partie des « Sketches » présente une belle symétrie dans la mesure où le volume débute par un portrait des porteuses et termine sur une évocation des lavandières. Quant aux chapitres exclus, qui traitent notamment de la Montagne Pelée, du climat et de la nature de l'île, ainsi que de la cuisine créole et de la culture populaire, ils parurent en 1927 dans une traduction de Logé sous le titre un peu surprenant de *Contes des tropiques*[17].

L'écriture des *Esquisses martiniquaises*

Un souci esthétique prédominant

La prédominance de la préoccupation esthétique colorant les *Esquisses martiniquaises* apparaît dès la première page du livre. Lorsque l'auteur y évoque l'hypothétique « artiste observateur qui visite la Martinique » c'est aussi bien lui-même qu'il dépeint. Non seulement l'importance de l'image s'imprime dans le titre même de l'ouvrage, mais l'auteur enrichit par de nombreuses illustrations à la fois le volume original, *Two Years in the French West Indies,* et les éléments de ce volume parus auparavant en revue.

Bien que l'intérêt porté aux phénomènes humains et sociaux de la Martinique ne soit pas entièrement éclipsé par des considérations esthétiques, reste que ce sont celles-ci qui

---

17 Ce texte est réédité par nos soins dans la présente collection sous le titre *Esquisses martiniquaises*. Tome II.

priment dans le portrait livré par Hearn. Il affirme non seulement que la vue des porteuses martiniquaises lui avait inspiré un certain « enthousiasme artistique », mais aussi que leur port et leur costume avaient été décisifs dans la détermination du « ton et [de] la couleur antiques de [ses] premières impressions » de la Martinique. Et même si la force physique et l'immense résistance des porteuses sont valorisées, l'éloge de leur endurance est parsemé d'allusions à des valeurs proprement esthétiques (souvent reliées à une certaine notion de la race), la porteuse constituant pour Hearn « le type du pur sang humain représentant le vrai secret de la grâce : l'économie de la force ».

Étant donnée la prédominance de la perspective esthétique, il n'est pas étonnant que Hearn ait été hautement sensible à la splendeur visuelle de la nature tropicale, laquelle lui « semble ne rien créer d'ordinaire », et dont les extravagances ressemblent à ses yeux à « un caprice d'artiste ». Le lecteur des *Esquisses* ne saurait ignorer en effet la richesse des évocations botaniques (fougères, bambous, palmiers, balisiers) et surtout les savoureuses descriptions des fruits et légumes tropicaux, dont la variété foisonnante des couleurs est explicitement comparée à la variété – tout aussi savoureuse aux yeux de Hearn – des couleurs de peau jaunes, rouges et noires. Et c'est en peintre que l'auteur, pourtant fortement myope, apprécie le jeu de la lumière tropicale sur cette double palette extraordinaire. De même, l'éloge hearnien de Grande-Anse, éloge tant admiré par Raphaël Confiant, est mis tout entièrement sous le signe de la couleur. Ce bourg, qui doit sa couleur sombre à ses fondements de roche volcanique, est caractérisé comme une « tache obscure entre la côte verte et la mer bleue ». Mieux, comme pour établir un lien entre la composition chromatique du paysage et la palette épidermique de la population martiniquaise, l'auteur commente l'« étrange ton basané » du village.

Même si l'on n'a pas tort de considérer que Hearn n'était « ni ethnologue, ni historien, mais plutôt folkloriste et portraitiste »[18], son écriture n'est en rien purement descriptive et statique. En effet, loin de fatiguer ses lecteurs par un flot d'évocations minutieuses, Hearn s'adonne à de fréquentes modulations génériques, le ton descriptif cédant régulièrement à des passages soit narratifs, soit dramatiques. Ainsi la texture même de la vie de porteuse transparaît tantôt à travers des descriptions détaillées, tantôt à travers de petits récits ou épisodes entremêlés de bribes de discours direct, par exemple la mise en scène de l'arrivée très animée des colporteuses qui étalent tous les trésors qu'elles marchandent, entre bibelots, fruits exquis, et diverses gâteries. Ces petites scènes dramatiques relèvent les portraits et tableaux du vif piment de la parole créole, c'est-à-dire d'une certaine authenticité et immédiateté linguistiques et ethnologiques. Comme l'écriture des *Esquisses* est régulièrement irrigué par des passages de discours direct (souvent en créole), ainsi que par les transcriptions créoles des chansons ou des histoires recueillies par l'auteur dans sa fréquentation du petit peuple martiniquais, on peut dire qu'elle est métissée, c'est-à-dire considérablement enrichie par de nombreuses modulations génériques ainsi que par l'apport de l'oralité créole[19].

Il convient de souligner dans ce contexte le fait que la

---

18 Jean-Pierre Jardel, «*Youma*, ou la fin de l'oppression esclavagiste aux Antilles : la conquête d'une dignité », in Bardolph *et al.*, *Oppression et expression dans la littérature et le cinéma*, Paris : L'Harmattan, 1981, p. 57.

19 Sur la présence et sur les modalités (pas toujours bien standardisées) de transcription de la langue créole dans l'écriture de Hearn, voir notamment le commentaire de Serge Denis dans L. Hearn, *Trois fois bel conte, op. cit.* et l'article de Pierre Pinalie cité dans notre bibliographie.

trame du texte original foisonne non seulement de mots créoles, mais aussi d'expressions françaises, et l'on constatera que le traducteur s'est efforcé de rester fidèle à cet effet de « créolisation linguistique » en parsemant la version française de termes étrangers (tels « home », « cottage », etc).

Or, si les esquisses de Hearn frappent par le dynamisme de l'écriture, c'est non seulement qu'elles passent sans cesse d'une langue à une autre et du registre oral au registre écrit, mais aussi qu'elles oscillent, comme toute écriture de voyage, entre la description et la narration. Ainsi Hearn ne se contente-t-il pas de décrire le village de Grande-Anse, préférant narrer tout d'abord et par le menu détail son propre voyage à Grande-Anse, racontant la route en lacets et le déroulement progressif de vues panoramiques sur les collines, les hameaux, les cannes à sucre et enfin sur la baie semi-circulaire et le bourg qui se révèlent en bas. De même, l'épidémie de la petite vérole est le prétexte d'une esquisse en forme de chronique, l'auteur s'efforçant de souligner la dimension chronologique de l'épisode en adoptant la forme d'un journal.

Il est certain que la description de Saint-Pierre fournie dans *Un Voyage d'été aux tropiques* est bien plus riche que celle présentée dans les *Esquisses martiniquaises.* Au fil de ce texte-ci, c'est bien plutôt dans l'évocation du bourg de Grande-Anse que Hearn mobilise la description systématique qui caractérise le récit de voyage classique. Dans son éloge de Grande-Anse, fidèle en cela à ses origines insulaires, il s'attarde tout particulièrement sur l'environnement maritime du village : le jardin où des nasses sont étendues sur l'herbe ; l'agitation singulière de la mer à Grande-Anse (ce qui explique le fait qu'il n'y a qu'un seul bateau de pêche au village) ; l'excitation que provoquent les très rares expéditions de pêche ; l'immense variété de poissons de mer et d'eau douce dont se vante la Martinique ; et enfin l'agilité exceptionnelle des nageurs qui réussissent à acheminer à la nage des barils de tafia à embarquer. Hearn est amené surtout à comparer la vie à Saint-Pierre et à Grande-Anse, constatant que l'atmosphère imprégnée de vapeur, la pluie régulière et enfin la mer très calme de la ville contrastent avec le microclimat du bourg, où la mer est toujours houleuse et l'atmosphère plutôt sèche. Enfin, parmi les distractions principales dont jouissent les visiteurs du village somnolent de Grande-Anse, visiteurs que le vent constant ne manquera pas de hâler et d'exténuer, il cite, à côté de la pêche et les bains de mer et de rivière, les visites de plantations.

Pour ce qui est de l'évocation du reste de la Martinique, qu'il s'agisse de la campagne ou de la ville de Saint-Pierre, c'est essentiellement en filigrane que Hearn nous la livre dans les *Esquisses.* Ainsi, en toile de fond au portrait des porteuses, il décrit la campagne autour de Morne-Rouge où il fit plusieurs séjours, tandis que la chronique de l'épidémie de la petite vérole et l'esquisse des blanchisseuses sont situées dans divers quartiers de Saint-Pierre. De même, telle réflexion sur l'importance du surnaturel aux Antilles sera l'occasion d'une digression sur l'organisation de la plantation créole, sur ses divers bâtiments (rhumerie, grande case, case-à-vent et ajoupas – ou cases – habitées par les laboureurs).

La prééminence de la visée ethnographique

Plusieurs éléments pourraient inciter le lecteur des *Esquisses martiniquaises* à qualifier celles-ci d'ethnographiques. Mais il s'agit ici d'une ethnographie à bonne conscience, tout à l'opposé de celle, contemporaine, dont le statut pour le moins trouble, voire ambivalent, est lié tout autant à sa complicité historique avec le colonialisme et avec l'exotisme, qu'à la définition problématique de son objet traditionnel (cultures « autres », « primitives », etc.) et de la perspective de l'ethnographe (observation/participation).

N'est-ce pas essentiellement en ethnographe que Hearn décrit le travail « primitif » des porteuses et des blanchisseuses, d'autant plus que sa mise en valeur de leur commun refus de la technologie renforce l'impression d'une société hostile à la modernité ? Et pourquoi Hearn souligne-t-il à plusieurs reprises le peu de familiarité avec leur île dont témoigne la grande majorité des Martiniquais (il met leur relatif isolement sur le compte du relief de l'île et sur la difficulté des transports), si ce n'est pour rentrer dans l'argumentation classique de l'ethnographie selon laquelle les sociétés – et surtout les sociétés dites « traditionnelles ou primitives » – auraient besoin d'être expliquées (éventuellement à elles-mêmes) par un observateur étranger ? Mais pour se persuader des liens étroits qui se tissent entre l'œuvre de Hearn et le discours ethnographique, il suffirait de considérer la relation que noue l'auteur avec divers informateurs, dans le but explicite de se former une idée de la société et de la culture martiniquaises. On pourrait citer à ce titre « son ami » le boulanger friand de la « belle jeunesse » de Grande-Anse, ou encore le « vieux planteur » qui fait à Hearn le tour de son habitation à côté de Grande-Anse, lui dévoilant non seulement l'organisation architecturale de la plantation créole (moulin à sucre, rhumerie, cases-à-vent etc.), mais aussi les attraits nombreux de l'intérieur créole. De même, c'est le vieux planteur (qu'il rencontre à l'occasion d'une fête de première communion) qui insiste sur les résultats imprévisibles et surtout instables que donne le processus de fermentation raciale aux Antilles, et qui souligne le fait que chaque individu de race mêlée a sa couleur propre, bien à lui.

Quant à d'autres informateurs, ils fournissent en général des renseignements sur la culture populaire. Ainsi le commandeur de plantation, tamboureur à ses heures, explique-t-il les danses créoles (*caleinda*, *bélé* et autres danses accompagnées par le *ka*), la technique des batteurs et les chants du crieur, et tel « simple laboureur près de Fort de France » dicte à Hearn une de ces improvisations chantées que ce dernier appelle volontiers des poésies en vers libre. L'auteur trouve par ailleurs dans Théréza, cette « bonne vieille câpresse » qui lui loue une chambre dans sa chaumière dans la montagne, une source précieuse d'histoires créoles, sans parler de tout ce qu'il apprend sur le folklore antillais de Manm Robert, sa voisine à Saint-Pierre.

Hearn ne cherche en rien à cacher le fait qu'il est toujours à l'affût de sources d'informations sur la culture populaire des Antilles. Commentant la pénurie de logement à Saint-Pierre au moment du Carnaval, il se réjouit du fait qu'à son retour d'un séjour à la campagne, c'est dans un quartier populaire qu'il réussit à dénicher une chambre. Si, au lieu de se plaindre du caractère peu élégant du quartier, il s'en félicite, c'est que « plus le voisinage est pauvre, plus on a des chances de se renseigner sur l'humanité de ce pays ». Sa vocation d'ethnographe est d'autant mieux servie par cette location modeste que sa voisine y est justement Manm Robert. Car de cette marchande, qui est le symbole même dans les *Esquisses* de la solidarité des dépossédés et de leur bonté les uns envers les autres, il affirme qu'elle « vous racontera plus de légendes du temps jadis et plus d'étranges histoires de cette île que personne d'autre de ma connaissance ».

Ayant donc pu gagner la confiance d'un grand nombre de Martiniquais issus d'une grande variétés de milieux socio-raciaux, Hearn se montre fin observateur de l'organisation sociologique de l'île et surtout du strict cloisonnement socio-racial qui structure celle-ci. Comme le précise Jean-Pierre Jardel, son témoignage est d'autant plus précieux qu'il agit « en observateur extérieur aux communautés ethniques [qu'il décrit]. C'est un auteur anglo-saxon qui écrit pour des lecteurs anglophones et qui n'a à ménager aucune susceptibilité » [20]. Commentant, par exemple, les frais dépensés par des

20 Jean-Pierre Jardel, article cité, p. 58.

familles démunies à l'occasion de la première communion des petites filles et les sacrifices matériels exigés par ces dépenses, il témoigne d'une sensibilité aiguë aux privations marquant la vie de la population de couleur. Bien plus encore, il ne manque pas de constater le profond clivage social entre celle-ci et les familles blanches qui envoient leurs enfants à l'école catholique (pratiquant la ségrégation raciale) de Morne-Rouge ou de Saint-Pierre.

Comme exemple particulièrement poignant des insurmontables divisions socio-raciales marquant l'univers martiniquais, Hearn raconte l'histoire d'Ysore, femme de peau très claire qui a trois enfants d'un blanc. À la mort de ce dernier, Ysore et ses enfants sont déshérités par la famille légitime. Bien que les deux filles du blanc, l'une légitime, l'autre pas, l'une blanche et l'autre pas tout à fait, sympathisent, elles n'ont pas le droit de jouer ensemble. L'injustice de cette ségrégation perverse, ajoutée à la misère de la petite famille d'Ysore, n'en paraît que plus déplorable lorsque celle-ci périt, emportée par la petite vérole.

Hearn consigne en effet dans « La Vérette » non seulement l'évolution de l'épidémie de la petite vérole (l'emploi de chaudrons de goudron bouillant dans les rues pour désinfecter l'air, les belles filles de couleur – surtout les câpresses – condamnées, les malades enveloppés dans des feuilles de bananier, les rivières contaminées, les mourants soignés aux lazarets), mais aussi la sociologie de cette calamité. Il constate ainsi le décalage entre la façon dont on marque la mort d'un béké et celle d'une personne « de couleur », même s'il insiste aussi sur le dévouement avec lequel certains Blancs font soigner leurs domestiques, ces derniers faisant bien partie de la famille békée. Cette dernière observation l'amène à postuler que l'esclavage à la Martinique s'apparente à l'esclavage pratiqué dans le monde antique du fait que le système était bien moins dur dans ces deux contextes-ci que dans d'autres (il pensait peut-être ici à l'Amérique continentale). Certes, cette vision quelque peu indulgente pour l'esclavage aux Antilles n'est pas sans lien avec l'optique sentimentale dans laquelle il loue l'abnégation contemporaine des blanchisseuses qui risquent la mort par dévouement et fidélité envers leurs employeurs, optique tout à fait centrale d'ailleurs à l'intrigue de son roman antillais, *Youma*[21]. Et pourtant, d'habitude Hearn n'est pas tendre pour l'esclavagisme antillais, dont il n'a pas hésité à dénoncer explicitement la cruauté morale[22]. Aussi, sans s'attarder pour autant sur l'histoire de l'esclavage aux Antilles, rappelle-t-il souvent en passant la brutalité de ce système, faisant allusion, par exemple, à la pendaison d'un homme de couleur près de Grande-Anse lors d'une révolte cinquante ans auparavant.

Trois fils conducteurs prédominent dans l'interrogation ethnologique des *Esquisses* : la préoccupation de la race, le rôle de la femme martiniquaise, et puis la place de la croyance (religion, superstition, etc.).

La préoccupation de la race

Si c'est non seulement en ethnographe mais aussi en artiste que Lafcadio Hearn aborde la Martinique, c'est par ce même double biais esthétique et anthropologique qu'il considère la question de la différence raciale, une question qui, manifestement, le fascine.

L'un des aspects les plus intéressants de l'approche hearnienne de la question de la race est sans doute son côté contradictoire. On pourrait citer à ce titre la façon dont un

21 Voir à ce titre « Le Sablier renversé » d'Élodie Dujon-Jourdain dans É. Dujon-Jourdain et F. Dormoy-Léger, *Mémoires de Békées*, prés. d'Henriette Levillain, coll. Autrement Mêmes 7, Paris : L'Harmattan, 2002.

22 Dans un chapitre de la deuxième partie des *Esquisses martiniquaises* intitulé « La Fille de couleur ». Voir notre réédition de ce texte (sous le titre *Esquisses martiniquaises*, Tome II) dans la collection présente.

discours sur la différence raciale entrecoupe un certain certain discours sur la « créolité », dynamique qui ressort de manière particulièrement claire à travers l'emploi du terme « Créole » comme substantif se référant à une personne – et surtout à travers l'emploi d'expressions comme « Créole blanc » et « Créole noir ». Car, même si de telles expressions semblent indiquer que pour Hearn le terme « Créole » ne véhicule en lui-même aucune indication de la race de l'individu ainsi qualifié, reste que lorsqu'il emploie le mot « Créole » sans qualificatif (et il lui arrive assez souvent de le faire), c'est uniquement pour se référer à un Blanc créole. Ce genre de glissement semblerait indiquer pour le moins une certaine confusion[23].

Bien qu'il se montre hautement sensible à l'intérêt de la culture créole et surtout à la vibration unique et à l'harmonie propre de la langue, des costumes, des chansons, des danses et des contes des îles, il est clair que Hearn s'intéresse bien moins à des questions de créolisation culturelle qu'à celle du métissage racial (à laquelle il a consacré une étude publiée en revue[24]), phénomène qui le retient surtout d'un point de vue esthétique. Ainsi, dès la toute première de ses *Esquisses*, il s'étend sur la modification du phénotype africain « par les croisements, par l'habitude, par le sol, le soleil et par toutes les forces naturelles qui forment le moule des races », mettant un point d'honneur à distinguer la race montagnarde de la Martinique dont il vante la beauté, de « la grossièreté simiesque des types de la côte africaine » lesquels se seraient perpétués « sans transformation » à la Barbade.

La richesse du lexique chromatique dans les *Esquisses* et le fait que Hearn insiste tant sur la classification raciale

---

23 Pour une discussion poussée de cette question, voir les articles de Chris Bongie, de Roger Little et de Claude Thiébaut, cités dans la bibliographie ci-dessous.

24 Lafcadio Hearn, « A Study of Half-Breed Races in the West Indies », *Cosmopolitan*, June, 1890, pp. 167–172.

comme étant fondée sur la seule couleur de la peau, résonnent avec le titre d'un article qu'il a fait paraître dans la revue nord-américaine, *Cosmopolitan* : « West Indian Society of Many Colorings »[25]. L'admiration dans laquelle il tombe devant la gamme subtile de couleurs épidermiques qui se déploie en Martinique (laquelle constitue à son sens le fondement même de la richesse esthétique de la population martiniquaise) ne devrait pas nous aveugler, toutefois, à ses préventions raciales, même si celles-ci ne sont guère aussi saillantes dans les *Esquisses* que dans *Un Voyage d'été aux tropiques*. L'admiration qu'il porte à l'apparence des porteuses martiniquaises s'expliquerait à la fois par la grâce qu'il attribue à leur démarche et par la couleur de leur peau qu'il dit, certes, « belle aux yeux qui ne sont ni ignorants ni aveuglés par les préjugés ». En revanche, l'auteur des *Esquisses* semble complètement inconscient des préjugés criants qui le font distinguer si fastidieusement dans le même contexte entre le prognathisme etc. de la « race africaine » (dépréciée), d'une part, et, de l'autre, les croisements heureux qui ont donné la belle race métissée de la Martinique, race de « sang-mêlé » louée de manière assez paradoxale par Hearn comme le type même du pur-sang humain !

Il est certain que Hearn est tenté par un certain scientisme en ce qui concerne le métissage. Ainsi, les porteuses originaires de Grande-Anse, qui sembleraient se distinguer par la clarté du teint de leur peau jaune ou brune, « couleur de banane », pourraient à son sens « appartenir à une race particulière ». Or, son séjour à Grande-Anse lui apprend que, malgré l'apparence des porteuses qui en proviennent, les habitants de Grande-Anse ne sont pas tous « jaunes comme des Chinois ». Et pourtant, ni cette découverte, faite sur le terrain, ni la mise en garde du vieux planteur contre des classifications raciales abusives ne l'empêchent d'insister sur

25 *Cosmopolitan*, July, 1890, pp. 336–41.

l'isolement de Grande-Anse, séparé de l'autre côté de l'île (et surtout de Saint-Pierre) par des chaînes de collines, et de tirer de l'inaccessibilité du bourg la conclusion que sa population aurait très bien pu « former quelques caractéristiques spéciales au cours de deux siècles ». Au point où Grande-Anse semble représenter pour lui (du point de vue de sa composition raciale, du moins) la Martinique en microcosme.

La valorisation de la femme martiniquaise

Le fait que l'auteur/ethnographe consacre le tout premier chapitre des *Esquisses* aux porteuses créoles et le dernier aux lavandières témoigne du privilège qu'il accorde au féminin dans la vie de l'île, privilège qui ne se dément pas dans le deuxième tome des *Esquisses.* Ces textes abondent, en effet, en portraits de femmes impressionnantes de bonté, de dévouement maternel, de solidarité humaine, ou de pouvoir séducteur, alors que les « hommes de couleur » peuplant l'expérience martiniquaise de Hearn sont bien moins souvent des personnages à proprement parler. Il n'y a que le commandeur de plantation, « tambouyé » à ses heures, et Fafa, ce laboureur faible et crédule qui périt séduit par une « guiablesse », qui puissent prétendre au statut de véritables personnages masculins. Qui plus est, aucun des deux ne brille ni par ses qualités morales ni par sa beauté physique. Et puis, en affirmant que les chansons d'amour des blanchisseuses sont bien souvent des chansons d'abandon, Hearn renoue avec un thème prédominant de la culture antillaise : celui de l'irresponsabilité masculine, lequel ne fut pas d'ailleurs complètement étranger au parcours existentiel de Hearn lui-même.

D'Ysore à Manm Robert et de Théréza aux blanchisseuses qui viennent en aide à une fille orpheline, Hearn insiste en revanche sur la profondeur de la solidarité et de l'entraide qui soude la communauté féminine des Antilles. Dans « La Vérette », cette chronique d'une épidémie, Hearn constate avec admiration que même les « filles de couleur » de bonne famille, élevées chez les bonnes sœurs, ne cherchent en rien à éviter la contagion dès lors qu'un proche tombe malade de la petite vérole.

La place de l'outre-monde en Martinique

Une des questions approfondies par Hearn dans « Un revenant » est celle de la postérité de l'œuvre missionnaire qui avait été solidaire de l'entreprise coloniale. Il constate à cet égard qu'un certain nombre de rues et de places portent encore des noms se référant aux missionnaires. Mais quant à l'emprise de l'église catholique, il précise que si elle est encore riche et prospère, son influence, en revanche, ne va plus de soi. Certes, les cérémonies religieuses, entre processions, communions, enterrements, etc., sont encore très suivies, et certes les statues, les autels et toute l'iconographie de la religion catholique, laquelle pèche aux yeux de Hearn contre le sens esthétique, sont encore très en évidence. De plus, il apprend que l'iconoclasme en tant que tel est quasiment inconnu en Martinique ; l'unique cas de briseur de statues que l'on lui cite l'est par excès superstitieux et non pas par hostilité envers la religion ou l'église. Cependant, le rôle du prêtre est profondément concurrencé selon Hearn par l'importance accordée au quimboiseur (ou sorcier créole), la superstition et l'animisme le disputant dans la vie de tous les jours à la foi et à l'observation religieuses.

Dans « Un revenant », Hearn commente le rôle social et quasiment policier joué par la religion catholique (les religions protestante et juive étant complètement absentes de la Martinique), et surtout sa complicité avec la stratification socio-raciale en place. Ainsi le Blanc créole qui raconte à Hearn l'histoire du briseur de statues, justifie-t-il la peine disproportionnée que reçut le coupable par le rôle capital que la religion est censée jouer en tant que garante de l'ordre public. Hearn reconnaît toutefois l'évolution de la situation suite à l'abolition de l'esclavage et à l'établissement du suffrage universel, développements qui infligèrent selon lui « à l'Église de Rome de sérieuses blessures » car « sa puissance dépendait de son union intime avec la classe aisée et dominatrice ; et ceux qui sont maintenant au pouvoir ne lui pardonneront jamais d'avoir jadis systématiquement soutenu leurs ennemis ». Ce n'est pas, à ses yeux, la seule « population créole » – le terme « créole » étant à entendre ici comme se référant à un Blanc (ou presque blanc) créole[26] – mais aussi quasiment toute la population urbaine, plus ou moins assimilée, qui demeure fidèle à l'Église et qui renie plus ou moins la superstition, et ce à l'encontre des « classes rurales où existent les forces dangereuses de la révolution ».

Le titre polysémique du troisième chapitre – « Un revenant » – fait écho au surnom de la Martinique, que l'on appelle souvent le « pays des revenants » à cause de l'envie d'y retourner qu'elle suscite chez ceux qui l'ont vue. Mais Hearn soutient que l'île a bien droit à ce nom pour une autre raison aussi, à savoir, l'importance assumée par les fantômes dans l'imaginaire des Martiniquais. Affirmant que ce pays est étonnamment fertile en légendes (lesquelles « naissent encore, même de nos jours »), transposées ou « spécialisées » selon la localité, il soutient que « nulle part au monde peut-être l'imagination populaire n'est plus étrangement naïve et superstitieuse ».

Les deux exemples saillants de cette extrême fertilité de l'imagination populaire que Hearn n'hésite pas à qualifier d'enfantine sont les légendes de Missié Bon et du Père Labat. En ce qui concerne la première de ces deux traditions, Hearn se fait renseigner tout d'abord par Théréza, et ensuite par l'informateur privilégié qu'est ce « vieillard charmant qui

26 Voir plus haut, p. xxiii.

représentait à Saint-Pierre une société new-yorkaise, et qui s'intéressait plus à l'histoire de son île natale que les créoles ne le font en général ». Le personnage central de l'histoire fut un ami du père de ce Créole instruit, et la légende populaire qui avait fait de Missié Bon une sorte de loup-garou, serait, selon ce témoignage privilégié, un tissu d'inventions, construit toutefois autour de deux faits fiables : l'existence de ce monsieur et sa disparition en mer par un jour de tempête.

De même, la tradition du Père Labat qui fait de ce dernier non seulement un revenant hantant les mornes la nuit, lanterne à la main, mais aussi l'initiateur de l'esclavage, illustre bien comment le souvenir est susceptible d'être « bizarrement dénaturé par la légende ». Comme pour souligner la part de naïve invention et de simplification réductrice de la tradition créole concernant le Père Labat, Hearn commente longuement dans « Un revenant » ce qu'il présente comme « la vraie histoire » de la mission martiniquaise de Labat. Mieux, il soutient que les simples faits de la vie de Labat suffisent pour confirmer que ce dernier fut un des « hommes extraordinaires de son siècle ». Adoptant en effet le rôle de conteur (mais dont le conte est garanti par ses recherches d'historien et de lettré), Hearn raconte l'aventure martiniquaise de Labat, laquelle débute par l'apparition en 1693 à la Rochelle du jeune prêtre grand et robuste dont l'expression indique clairement que c'est un homme extrêmement énergique, voire nerveux. Il met ce personnage sous le signe du dédoublement, voire du métissage : mi-laïc, mi-moine, la qualité et la gamme de ses talents l'auraient rendu peu apte à s'épanouir à l'intérieur des limites étouffantes de la vie ecclésiastique. Et Hearn de retracer la trajectoire de cet être multiple, hybride, de Macouba où il fit reconstruire l'église d'après ses propres plans, à Capesterre à la plantation de l'Ordre où il « se mit à l'œuvre [...] non seulement en qualité d'administrateur, mais aussi comme ingénieur ».

En dépit de la franche admiration qu'il lui voue, l'auteur

des *Esquisses* n'est pas toutefois sans énoncer une certaine critique de Labat. Il reconnaît que l'esprit du révérend père hérissait de contradictions : ainsi, il fut superstitieux mais cynique, pragmatique mais crédule, et surtout cruel. Hearn commente explicitement les préjugés de Labat à l'endroit des esclaves noirs, affirmant que, pour le Dominicain, il s'agissait tout simplement d'enfants du Diable, imbus de sorcellerie. C'est dans ce contexte qu'il prend à l'évidence un certain plaisir à constater que l'œuvre coloniale du Père Labat est plus ou moins oubliée, alors que la sorcellerie et les superstitions que ce dernier avait si résolument combattues prospèrent encore. Et Hearn de souligner avec une satisfaction toute particulière le fait hautement ironique que le souvenir de Labat ne subsiste encore à la Martinique que grâce à la superstition selon laquelle il continue à hanter l'île.

L'apport de l'imagination hearnienne

Pour bien des lecteurs antillais, Lafcadio Hearn est avant tout l'auteur à qui l'on doit le portrait définitif de la ville de Saint-Pierre et de la Martinique avant l'apocalypse de 1902. Mais force est de constater que, pour réaliste qu'il soit, ce portrait porte aussi l'empreinte de l'imaginaire hearnien et de sa prédilection pour le fantastique. Ainsi, dans le premier chapitre, l'ambiance de Saint-Pierre est mise sous le signe d'un rêve antique. Pour l'auteur des *Esquisses*, un lien mystérieux unit cette « délicieuse ville des Antilles » aux souvenirs classiques d'un passé antique. La clef du mystère se révèle être la proximité de la Montagne Pelée, ce volcan dit (à tort, malheureusement) éteint, et qui évoque pour l'auteur les vestiges de la magnificence lumineuse de Pompéi : « le charme d'un monde disparu, la ville antique, l'histoire des terres cuites, des pierres gravées et de tous les objets gracieux exhumés des fouilles ». Obligé toutefois de reconnaître qu'il ne s'agit là que d'une « hallucination » anachronique, Hearn est rappelé au présent par les pas pesants de matelots, par l'affairement du port, et puis par les sonorités de la langue des passants qui « n'est ni hellénique, ni romaine : mais simplement le beau parler enfantin des esclaves français ». Même si elle s'avère en fin de compte illusoire, la comparaison des Antilles avec le monde antique est valorisante pour celles-ci dans la mesure où l'impression d'allochronie associée à Saint-Pierre n'est plus à considérer comme un pur indice de primitivisme, mais comme renvoyant bien au contraire à un degré de civilisation ou de raffinement très avancé.

Il est certain que le sort tragique qui anéantit la ville de Saint-Pierre quinze ans après le passage de l'auteur imprègne d'une bien triste ironie la comparaison quasi prémonitoire de la ville vivante auscultée dans les *Esquisses*, d'une part, et de la ville antique ensevelie, de l'autre. Cependant, la dynamique qui fait basculer la présence en l'absence, la réalité en rêve, la vie en la mort, ce monde en l'autre monde et le présent en passé, constitue un ressort fondamental de l'imaginaire et de l'écriture de Hearn, y compris dans l'œuvre japonaise. Cette emprise de l'imagination comme force transformatrice explique sans doute la place prééminente du fantastique et du surnaturel dans toute l'écriture hearnienne.

Tout au long des *Esquisses martiniquaises* se déclare en filigrane la fascination de l'irréel et de l'onirique. Nous venons de constater la tendance à mettre en rapport la scène présente avec un monde absent. En effet, la prédilection de Hearn pour les histoires de fantômes s'impose de manière particulièrement frappante dans « Les Porteuses », et surtout en fin de chapitre. Pour commencer, il inscrit entre la scène de l'arrivée à destination des porteuses et les circonstances de son évocation la médiation de la mémoire : « J'ai vu cette scène si souvent... Laissez-moi fermer les yeux un instant seulement, – et tout cela me reviendra, – à travers les milliers de kilomètres, par-dessus les tombes des jours. [...] Je revois

[…] J'entends encore […] ». Mais en plus d'entourer du brouillard du souvenir la scène qu'il évoque, Hearn accentue la dimension irréelle de celle-ci en transformant le souvenir en rêve. « Mais il y a quelque chose de changé […] La route est toute vaporeuse, et aussi les frondaisons, et les beaux pieds nus des porteuses qui s'avancent ». Subissant ainsi la métamorphose de l'imagination de l'auteur, le souvenir du chemin que foule les porteuses devient un « chemin fantôme » fait de la « poussière de générations disparues », les porteuses elles-mêmes se métamorphosant en autant d'« âmes fatiguées qui supplient d'être déchargées du fardeau de la vie ».

De même, en s'attardant vers le début du deuxième chapitre sur la vive impression que lui fit la première vue de la plage de Grande-Anse, Hearn en fait l'occasion d'une autre épiphanie : ainsi, le rugissement des brisants sur le sable noir produit sur lui l'impression « que je voyais une chose irréelle », quelque chose « d'aussi intangible qu'un souvenir ».

Alors que dans les deux premiers chapitres, les « mystères » ou « illusions » évoqués par l'auteur surgissent de la propre imagination de ce dernier, dans « La Guiablesse » et même à travers le titre de l'esquisse précédente, « Un revenant »[27], Hearn semblerait se tourner plutôt vers l'emprise qu'exerce sur l'imaginaire martiniquais la croyance dans l'autre monde ou l'outre-monde. Autrement dit, de voyageur racontant ses impressions fantastiques subjectives, il semble reprendre le discours de l'ethnographe, informant sur des croyances qu'il ne partage pas, mais qu'il tente de pénétrer, de comprendre et de communiquer. À bien sonder ses mises en scène des diverses croyances et traditions des Martiniquais (obsèques, carnaval), le lecteur constatera toutefois l'extrême fragilité chez Hearn de la ligne de partage entre l'observation

27 Nous avons rétabli l'ordre originel de ces deux chapitres (inversé dans la traduction de Marc Logé).

neutre et l'exercice d'une imagination surchauffée.

« La Guiablesse » débute par une réflexion sur le jour et la nuit aux tropiques. Tout en avouant que la nuit tropicale produit sur lui des « effets particulièrement impressionnants et particulièrement sinistres », Hearn reconnaît qu'il n'en est pas de même pour le « bitaco » (ou campagnard martiniquais). D'une part, des rayons de lumière provenant des petits autels qui parsèment l'île rappellent sans cesse à ce dernier la proximité des « Puissances qui sauvent » ; de l'autre, la nuit tropicale vibre d'un « orage vocal », alors que le silence de la journée tropicale installe un « je ne sais quoi de spectral et d'étrange ». Hearn présente donc les croyances martiniquaises concernant les soucougnans ou les zombis non pas comme signalant un esprit foncièrement contradictoire partagé entre la religion et la superstition, mais comme étant complémentaires d'une foi en la prière comme contre-puissance, apte à exorciser les forces du la nuit.

En racontant l'histoire de la « Guiablesse », Hearn brouille (quasiment au point de l'abolir) la distance ethnologique entre son point de vue de narrateur extra-diégétique et celui du « bitaco ». Ayant d'abord noté l'impression d'étrangeté que produisent les « heures de la lumière la plus éclatante », il signale son intention d'évoquer « quelque chose » (il s'agit de la « guiablesse ») « qui apparaît sous le regard du soleil ». Il promet de faire ce récit annoncé tant qu'il gardera présent à l'esprit un « voyage matinal » que lui-même vient de faire « au lieu présumé » de la dernière apparition de ce « quelque chose ». Or, c'est au temps présent que l'auteur/narrateur décrit cette promenade, son récit s'entamant à la deuxième personne : « Vous suivez la route de montagne [...] », « Vous n'apercevez les bâtiments de la plantation que lorsque [...] ». Mais, par un glissement particulièrement habile, le présent dialogique du « voyage matinal » du narrateur en vient à se confondre avec le présent historique du récit de la « dernière apparition » de la guiablesse : tantôt le narrateur évoque tout simplement « une femme [qui] s'avance le long de la route [...]. Et avant même que vous puissiez vous retourner pour regarder, l'apparition vous dépasse rapidement [...] » ; tantôt « cette femme » s'avère être la guiablesse qui perd le laboureur Fafa : « l'approche de cette femme a déjà été observée par tous les habitants des ajoupas [...] un laboureur [...] la regarde un instant et puis se tournant vers la hutte, il appelle : – *Ou-ou ! Fafa !* ». Un doute s'élève donc nécessairement quant à la perspective de l'auteur/narrateur. En effet, ce dernier décrit la guiablesse comme s'il l'a eue sous les yeux, ou comme s'il a été, non moins que Fafa, témoin de son apparition, tout en soulignant son propre statut d'étranger puisqu'il confie que « chez nous [...] seule une danseuse professionnelle pourrait tenter pareille démarche ». Non seulement le conte gagne par là en immédiateté dramatique, mais la croyance dans le surnaturel est comme légitimée, ou du moins normalisée, par l'implication de la subjectivité narratrice et par la suppression de la distance ethnographique.

Dans « La Vérette », en plus de raconter diverses superstitions martiniquaises (le talisman offert à l'auteur par Manm Robert ou l'interdit pesant sur la chasse aux araignées), Hearn insuffle à sa chronique de l'épidémie, chronique doublée d'un récit du carnaval, une certaine aura irréelle, onirique, voire surnaturelle. Si c'est en ethnographe plus ou moins objectif et rationnel qu'il consigne la progression de l'épidémie et décrit le spectacle des divers masques du carnaval (masques de « congo », de « nègue gouôs sirop », de diablesse, etc.), du fait que la procession du carnaval a lieu au moment même où l'épidémie bat son plein, elle prend pour lui les dimensions d'une danse macabre. Et ceci d'autant plus que bien des malades, voire des mourants ne s'empêchent pas, selon Hearn, de se masquer et de participer au défilé. Mieux, il renchérit sur cette mise en relief du côté spectral du carnaval en racontant non seulement le rêve de la fille d'Ysore, Mimi, dans lequel les personnages masqués de la procession s'avèrent « vides en dedans », mais aussi un rêve qu'il fait lui-même, dans lequel le sens de la transformation fantomatique est, pour ainsi dire, inversé. En effet, lorsqu'il assiste aux défilés marquant les obsèques des békés emportés par la fièvre typhoïde, Hearn a l'impression de revoir les masques d'un carnaval tout spectral.

Identification créole de Lafcadio Hearn ?

Il est clair que les *Esquisses martiniquaises* de Hearn portent l'empreinte de l'imaginaire particulier et des préoccupations intellectuelles et existentielles de l'auteur. Ces textes sont donc imprégnés de bout en bout par le vif intérêt qu'il portait au métissage, par son souci du surnaturel et par sa passion pour tout ce qui concerne les croyances et les pratiques culturelles populaires (surtout les contes et les superstitions). Mais ils témoignent également de l'expérience personnelle de Hearn. On pourrait citer à ce titre son vécu précoce de l'abandon parental, sans doute reflété dans l'histoire de l'enfant zombi récupéré par Baidaux, ainsi que dans la figure de l'orpheline qui vient laver son linge dans la Roxelane et dans la triste histoire des enfants d'Ysore. De même, la fascination exercée sur son imagination par la figure du Père Labat tient en grande partie à un effet d'identification : tous deux agissaient en étrangers observateurs et tous deux écrivirent (à distance) des ouvrages sur les Antilles et souffrirent profondément de leur éloignement des tropiques.

Certes, la profonde attirance qu'éprouva Hearn pour l'extravagance climatique et naturelle des Tropiques, ainsi que pour la langue créole, le folklore martiniquais et la prédominance dans la culture populaire de croyances dans l'autre monde, ne signifie en rien qu'il alla jusqu'à assumer lui-même la culture créole. Et pourtant, de l'intérêt soutenu qu'il porte à tout ce qui touche à la créolisation et la créolité, et surtout aux questions de l'adaptation, de l'acclimatation et du métissage, on sera tenté de déduire de sa part non seulement une profonde fascination intellectuelle, mais aussi une certaine identification viscérale avec la condition créole, sans doute motivée en grande partie par des raisons biographiques (et surtout par ses origines mixtes et ses déracinements successifs, avec tout ce qu'ils impliquaient d'acculturation, de mutation et d'hybridité). Et cette tentation d'identification explique sans doute pourquoi Hearn fut porté à côtoyer, à explorer et à étudier de si près la situation créole, au point qu'il l'assuma, finalement, tout en la déplaçant, en se faisant naturaliser japonais.

Mary Gallagher
Clamart-Dublin, août 2003

Rue Victor Hugo (anciennement Grande Rue), Saint-Pierre

NOTE TECHNIQUE

Nous tenons à remercier très vivement les éditions du Mercure de France et en particulier Monsieur Bruno Batreau d'avoir si aimablement voulu autoriser cette reprise de la traduction de Marc Logé. Nous sommes profondément reconnaissante aussi au professeur Roger Little, directeur de la collection Autrement Mêmes, d'avoir favorisé ce projet de réédition.

Ce volume constitue la première partie d'une réédition de la traduction française en trois volets de l'ouvrage de Hearn intitulé *Two Years in the French West Indies*, ouvrage comportant deux textes : *A Midsummer Trip to the Tropics* et *Martinique Sketches*. Le présent volume représente la première partie de la traduction française des *Martinique Sketches*, la deuxième partie faisant l'objet d'une réédition simultanée sous le titre *Esquisses martiniquaises, Tome II,* dans la présente collection. Le troisième volume consistera en une réédition du *Voyage d'été aux tropiques.*

Nous précisons que l'édition originale de la traduction comporte des notes de bas de page, dont la plupart sont de l'auteur lui-même, quoique certaines soient dues au traducteur. Ces notes-ci (appels en chiffres romains) ont été rapportées à la fin du volume, les notes de l'éditeur actuel (appels en chiffres arabes) figurant en bas de page. On s'y est limité pour la plupart à signaler certains décalages entre l'original anglais et la traduction française (et surtout à indiquer des phrases, des expressions, ou des mots qui n'ont pas été traduits) et à proposer certaines précisions. Comme notre travail de réédition s'est voulu le plus discret possible, on s'est borné pour le reste à corriger sous silence les rares fautes d'orthographe ou d'impression et à moderniser la ponctuation (surtout en réduisant la fréquence des majuscules). On a strictement respecté en revanche l'usage très libéral du trait d'union dans l'orthographe des mots composés, car ce style nous semble être caractéristique de la langue créole et donc constituer un élément essentiel de l'effet de « français créolisé » produit tout autant par l'écriture de Hearn que par celle de son traducteur. Par ailleurs, vu que nos compétences en la matière sont insuffisantes, nous avons conservé l'orthographe créole donnée par le traducteur, sauf lorsqu'elle présente une contradiction (même si nous admettons que cette orthographe est parfois bien discutable). Au-delà de telles questions minutieuses, nos initiatives éditoriales principales consistent à restaurer l'ordre original du troisième et quatrième chapitres, lequel avait été inversé par le traducteur, et puis de proposer une version française de toute une section du cinquième chapitre absente de la traduction de Logé (voir pp. 131–132). Nous avons par ailleurs reproduit certaines des illustrations qui avaient enrichi la première édition (dans *Two Years in the French West Indies*, 1890) des « Martinique Sketches » et qui paraissent donc pour la première fois dans la traduction française de ce texte.

Précisons pour finir que si la préface de Hearn à *Two Years in the French West Indies* ne figure pas dans la traduction de Marc Logé, c'est sans doute en grande partie parce qu'elle concerne (comme d'ailleurs l'épigraphe et la dédicace, pourtant bien retenus par le traducteur) tout autant, sinon plus, *Un voyage d'été aux tropiques* que les *Esquisses martiniquaises* ; nous proposerons donc une traduction française de cette préface dans notre réédition prochaine de ce texte-là. Nous reproduisons par contre dans le présent volume la préface du traducteur à l'édition de 1924.

M.G.

BIBLIOGRAPHIE

L'Œuvre « antillaise » de Lafcadio Hearn (dans l'ordre chronologique de la première parution)

Gombo Zhèbes : petit dictionnaire de proverbes créoles sélectionnés par Lafcadio Hearn, Gosier : Caret, 1998 (1ère édition, New York : Coleman, 1885)

Two Years in the French West Indies, Oxford : Signal Books, Collection: Lost and Found, 2001, avec un avant-propos de Raphaël Confiant (1ère édition, New York : Harper & Bros, 1890)

Youma. Roman antillais, collection Grands Romans antillais, Fort-de-France : Désormeaux, 1973, – réédition de la traduction de Marc Logé paru en 1923 au Mercure de France sous le titre *Youma. Roman martiniquais.* (1ère édition, New York : Harper & Bros, 1890)

Esquisses martiniquaises, tr. de l'anglais par Marc Logé, Paris : Mercure de France, 1924

Contes des tropiques, traduit de l'anglais par Marc Logé, Paris : Mercure de France, 1926

Un Voyage d'été aux tropiques, traduit de l'anglais par Marc Logé, Paris : Mercure de France, 1931

Trois fois bel conte, traduction Serge Denis, préface Charles-Marie Garnier, Paris : Mercure de France, 1939 (réédition Vaduz : Calivran Anstalt, 1978)

Contes créoles II (Inédits), recueillis par Lafcadio Hearn, transcrits et traduits en français par Louis Solo Martinel, Lamentin (Martinique) : Ibis rouge, 2002

Sources principales citées dans les *Esquisses martiniquaises*

Burck, William [sic], *Histoire des colonies européennes dans l'Amérique*, Paris : Merlin, 1767 (traduction de Burke, Edmund, *An Account of the European Settlements in America*, 6 vols, London : R. & J. Dodsley, 1758 (1ère édition, 1757, 2 vols)

Dauxion-Lavaysse, Jean-Joseph, *A Statistical, Commercial, and Political Description of Venezuela, Trinidad, Margarita, and Tobago : containing various anecdotes and observations*, translated from the French with an introduction and explanatory notes by Edward Blaquière, London : G. and W.B. Whittaker, 1820 (édition française, *Voyage aux Iles de Trinidad, de Tobago, de la Marguerite et dans diverses parties de Vénézuela dans l'Amérique méridionale*, Paris : 1813)

De Chanvallon, Thibault, *Voyage à la Martinique, contenant diverses observations sur la Physique, l'Histoire Naturelle, l'Agriculture, les Mœurs et les Usages de cette Isle, faites en 1751 et dans les années suivantes,* Paris : 1763

Dutertre, Le Rév. Père Jean-Baptiste, *Histoire générale des Antilles de l'Amérique habitée par les Français*, 4 tomes, Paris : Thomas Jolly, 1667-1671 (réédition, chez Horizons caraïbes, 1973)

Labat, le Rév. Père Jean-Baptiste, *Nouveau voyage aux isles de l'Amérique, contenant l'histoire naturelle de ces pays, l'origine, les mœurs, la religion & le gouvernement des habitans anciens et modernes: les guerres et les événemens singuliers qui y sont arrivez pendant le long séjour que l'Auteur y a fait*, Paris : Delespine, 1742 (voir Jean-Baptiste Labat, *Voyage aux isles. Chronique aventureuse des Caraïbes, 1693-1705*, édition établie et présentée par Michel Le Bris, Paris : Phébus, 1993)

Rufz de Lavison, Étienne, *Études historiques et statistiques sur la population de la Martinique*, Saint-Pierre : 1850
Rufz de Lavison, Étienne, *Enquête sur le serpent de la Martinique*, 7 vol., Saint-Pierre : 1859
Souquet-Basiège, Gaston, *Le Préjugé de race aux Antilles françaises*, Saint-Pierre : 1883 (réédition par R. Achéen chez É. Désormeaux, Fort-de-France, en 1979)
Turiault, J., *Étude sur le langage créole de la Martinique*, Brest : 1874

Études entièrement ou partiellement consacrées à Lafcadio Hearn et à son œuvre

Antoine, Régis, *Les Écrivains français et les Antilles. Des premiers Pères Blancs aux surréalistes noirs*, Paris : Maisonneuve et Larose, 1978
Bongie, Chris, « Resisting Memories : The Creole Identities of Lafcadio Hearn and Édouard Glissant », *SubStance*, 84, 1997, pp. 153–177
Chamoiseau, Patrick et Raphaël Confiant, *Lettres créoles. Tracées antillaises et continentales de la littérature, 1635–1975*, Paris : Hatier, 1991
Cott, Jonathan, *Une âme errante. La Vie de Lafcadio Hearn*, Paris : Mercure de France, 1993 (tr. *Wandering Ghost : the Odyssey of Lafcadio Hearn,* New York : Knopf, 1991)
Jardel, Jean-Pierre, « *Youma* ou la fin de l'oppression esclavagiste aux Antilles : la conquête d'une dignité », in Bardolph, Desplaques *et al.*, *Oppression et expresssion dans la littérature et le cinéma. Afrique, Amérique, Asie*, Paris : L'Harmattan, 1981, pp. 57–70
Lemoine, Bernadette, *Exotisme spirituel et esthétique dans la vie et l'œuvre de Lafcadio Hearn, 1850–1904,* Paris : Didier Érudition, 1988

Murray, Paul, *A Fantastic Journey. The Life and Literature of Lafcadio Hearn*, Folkestone, Kent, G.B. : Japan Library, 1993

Pinalie, Pierre, « La proverbialité créole dans l'œuvre de Hearn », http://www.pallich/~kapeskreyol/linivesite/lafcadio.html

Toumson, Roger, *La Transgression des couleurs. Littérature et langage des Antilles aux XVIIIe, XIXe et XXe siècles*, Paris : Éditions caribéennes, 1989

Autres ouvrages pertinents

Césaire, Aimé, *Ferrements*, Paris : Seuil, 1960

Clifford, James et George E. Marcus (éd.), *Writing Culture. The Poetics and Politics of Ethnography*, Berkeley & Los Angeles : University of California Press, 1986

Corre, Armand, *Nos Créoles. Étude politico-sociologique, 1890*, prés. Claude Thiébaut, Autrement Mêmes 2, Paris : L'Harmattan, 2001

De Angelis, Rose, éd., *Between Anthropology and Literature. Interdisciplinary Discourse*, Londres : Routledge, 2002

Dujon-Jourdain, Élodie & Renée Dormoy-Léger, *Mémoires de Békées*, éd. Henriette Levillain, Autrement Mêmes 7, Paris : L'Harmattan, 2002

Leiris, Michel, *Contacts de civilisations en Martinique et en Guadeloupe*, Paris : Unesco, 1955 (réimprimé chez Gallimard en 1987)

Little, Roger, « Coloring Noun: More Black Funk », *George Sand Studies*, vol. 21 : 1 & 2, 2002, pp. 22–27

Thiébaut, Claude, « Comment peut-on être créole ? », *Guadeloupe 1875–1914. Les soubresauts d'une société pluri-ethnique ou les ambiguïtés de l'assimilation*, dir. Henriette Levillain, Paris : Autrement, 1994, pp. 18–33.

PRÉFACE DU TRADUCTEUR

Pendant le voyage qu'il entreprit aux Petites Antilles au cours de l'été 1887, Lafcadio Hearn, débarquant à la Martinique, fut immédiatement sensible à l'influence de « ce charme singulier que l'Île a toujours exercé sur les étrangers et qui lui a même valu son surnom poétique : 'Le Pays des Revenants' ». Et il avoue dans une de ses lettres : « De même que bien d'autres avant moi, je ne quittai ces rivages enchantés que pour être hanté par cet irrésistible regret qui ne ressemble à aucun autre, et qui est précisément l'enchantement que ce pays exerce sur tous ceux qui s'en éloignent. Aussi j'y retournai avec l'intention d'y séjourner quelques mois ; mais l'enchantement dura et j'y restai deux ans. » Deux ans pendant lesquels il vécut au milieu « d'une population fantastique, étonnante, une population des mille et une nuits », apprenant à aimer et à comprendre cette humanité des tropiques, qui, dit-il, possède « un grand charme, celui de l'enfance et de la bonté ».

Commencées pendant son premier séjour, Hearn ne termina ses *Esquisses Martiniquaises* qu'après avoir « revu l'île magique à travers une brume d'été ». Nulle part son amour des tropiques qui le tenailla toute sa vie, même pendant ses premières années au Japon, n'est exprimé avec une ferveur et une sincérité plus émouvantes... Avec quel élan passionné il s'écrie : « Ah ! les tropiques ! Ils tirent toujours aux cordes de mon cœur. Mon Dieu, mon véritable champ de travail était là, dans les pays latins, aux Antilles, et dans l'Amérique espagnole. Mon rêve était de hanter les vieilles cités espagnoles et portugaises, de remonter l'Amazone et l'Orénoque pour y découvrir des sujets de romans que nul autre n'aurait pu y trouver »... À défaut de ces romans surprenants qu'il rêva d'écrire, Hearn appliqua ses dons remarquables à dépeindre la vie frémissante et colorée de Saint-Pierre et des villages avoisinants, « Saint-Pierre, la plus bizarre, la plus pittoresque, et aussi la plus jolie ville des Antilles ; toute bâtie et pavée de pierre, aux rues très étroites, aux toits pointus de tuiles rouges percées de lucarnes. La plupart des édifices sont peints d'un jaune clair qui fait un délicieux contraste avec le ruban bleu incandescent du ciel tropical. Aucune rue n'est absolument plate ; presque toutes les rues escaladent les collines, dégringolent les vallons, se tordent, se courbent, décrivent des angles soudains... Du pittoresque et de la couleur, voilà les charmes particuliers et uniques de Saint-Pierre. » Et c'est ce pittoresque et cette couleur qui revivent dans les pages des *Esquisses Martiniquaises,* où les *porteuses,* les *das,* les belles *chabines,* les jolies *griffonnes* aux noms vieillots et charmants, – *Coraline,* – *Azaline,* – *Platine,* – *Cendrine,* – *Loulouze,* – et leurs compagnons, les ouvriers du port et des plantations, *gabarriers, arrimeurs* et *travailleurs* musclés, défilent en une procession bariolée sous la splendeur de cette nature tropicale dont Lafcadio Hearn a été le peintre fidèle et enthousiaste.

Grâce à lui, la vision de l'ancien Saint-Pierre s'élève, tel un mirage hors d'un passé encore si proche de nous, et en le contemplant nous comprenons pourquoi Lafcadio Hearn a choisi comme épigraphe ces lignes écrites en 1667 par le Père Dutertre, de l'Ordre des Frères Prêcheurs : « La façon d'être du pays est si agréable, la température si bonne, et l'on y vit dans une liberté si honnête, que je n'ai pas vu un seul homme ni une seule femme qui en soient revenus en qui je n'aie remarqué une grande passion d'y retourner. » Le Père Dutertre, 1667

Marc Logé
Septembre 1923

ESQUISSES MARTINIQUAISES

Saint-Pierre, Marché du fort (supprimé en 1888)

« La façon d'être du pays est si agréable, la température si bonne, et l'on y vit dans une liberté si honnête, que je n'ai pas vu un seul homme ni une seule femme qui en soient revenus en qui je n'aie remarqué une grande passion d'y retourner. »
Le Père Dutertre, 1667

À Mon Cher Ami

Léopold Arnoux,

Notaire à Saint-Pierre, Martinique

Souvenirs de nos promenades, de nos voyages, de nos causeries, des sympathies échangées, de tout le charme d'une amitié inaltérable et inoubliable, de tout ce qui parle à l'âme au doux Pays des Revenants.

L. H.

'Ti Marie (en route de Saint-Pierre à Basse-Pointe)

LES PORTEUSES

I

Lorsque vous vous trouvez pour la première fois, par un jour sans ombres[1], à Saint-Pierre, la délicieuse ville des Antilles, pour peu que vous ayez le sens de la poésie et des souvenirs classiques, il se glissera dans votre imagination une impression de « déjà vu » il y a très, très longtemps de cela, vous ne sauriez dire où. Cette sensation est comparable à celle d'un rêve, d'un rêve très heureux, dont vous n'avez gardé qu'un souvenir imprécis. La simplicité et la solidité de l'architecture bizarre, l'excentricité des rues gaies et étroites tout embrasées de chauds coloris, les teintes des toits et des murs, vieillis par des striures et des taches vertes et grises de moisissures, l'absence surprenante de châssis aux fenêtres, de vitres, de becs de gaz et de cheminées, la délicatesse de fleur du ciel bleu, la splendeur de la lumière tropicale et la chaleur du vent tropical, – tout cela vous produira moins l'impression d'une scène d'aujourd'hui que la sensation de quelque chose qui a été et qui n'est plus. Lentement ce sentiment se précise avec le plaisir que vous prenez dans l'éclat coloré des costumes, dans la demi-nudité des silhouettes des passants, dans la grâce puissante des torses basanés comme le métal de statues, dans la courbe arrondie de bras et de jambes dorés comme des fruits tropicaux, dans la grâce des attitudes, dans l'harmonie inconsciente des groupements, dans les draperies et les plis des robes légères qui

1 Dans le texte anglais, le jour est caractérisé de « shadowed », donc « ombragé ».

oscillent au balancement des hanches libres ; dans la symétrie sculpturale des pieds nus. Vous regardez les rues citrines de haut en bas, là-bas vers l'éblouissante clarté bleue, où la mer et le ciel se confondent, là-haut vers la verdure perpétuelle des montagnes boisées, – et vous vous émerveillez du moelleux des tons, de la netteté des lignes dans la lumière, de la diaphanéité des ombres colorées... Et toujours vous interrogez votre souvenir : « Quand ? Où ai-je déjà vu tout cela... autrefois ? »

Et puis votre regard se trouve peut-être tout à coup fixé par la beauté vaste et solennelle de la masse verdoyante aux ombres violettes du volcan mort, qui domine de très haut la ville, visible de toutes les rues et ombragé peut-être par de minces spirales de nuages, pareils aux spectres de ses anciennes fumées montant vers le ciel. Alors brusquement le secret de votre rêve se révèle à vous avec l'évocation de nombreux souvenirs lumineux : – rêves des Idyllistes, fleurs des vieilles chansons siciliennes, fantaisies gravées sur les murs de Pompéi. Un moment cette illusion est délicieuse ; vous comprenez, comme jamais vous ne l'avez encore compris, le charme d'un monde disparu, la ville antique, l'histoire des terres cuites, des pierres gravées, et de tous les objets gracieux exhumés des fouilles. Le soleil lui-même n'appartient pas à aujourd'hui mais à vingt siècles passés. C'est ainsi et sous cette même lumière que marchaient les femmes du monde antique. Vous savez que cette imagination est absurde : que la force de l'astre ne s'est pas visiblement atténuée à travers tous les âges de l'humanité, – que sa gloire toute-puissante dure depuis des millions d'éons. Mais pendant cet instant de rêverie, il paraît plus grand, ce soleil impossible qui colore les mots, qui colore les œuvres des artistes amoureux du passé de la lumière dorée des rêves.

Cette hallucination est trop vite rompue par des bruits modernes, par des visions modernes, – par les pas pesants de matelots qui descendent en tanguant vers leurs navires, – par le coup lourd du canon qui signale la malle, – par le roulement d'une charrette américaine. Et, instantanément, vous vous rendez compte que la langue mélodieuse des passants n'est ni hellénique, ni romaine : mais simplement le beau parler enfantin des esclaves français.

II

Mais quels esclaves furent les pères de cette génération libre ? Ici les anthropologues, les ethnologues se trouvent à défaut : les traits africains se sont transformés, – les caractéristiques africaines se sont modifiées à un degré tel, en un peu plus de deux siècles, par les croisements, par l'habitude, par le sol, le soleil et par toutes les forces naturelles qui forment le moule des races, que l'on cherchera en vain la preuve des assertions ethnologiques.

Non... le talon du nègre martiniquais n'est pas proéminent ; son pied n'est pas plat, mais au contraire finement cambré, les articulations ne sont pas grosses, tous ses membres sont effilés, tous ses muscles sont développés. Et le prognathisme est devenu si rare chez lui que l'on peut chercher pendant des mois sans en trouver un seul exemple frappant... Non. C'est une race spéciale, aussi particulière à la Martinique que les formes de ses collines : c'est une race montagnarde, – et les races montagnardes sont belles...

Comparez cette race à la population de la noire Barbarie[1], où la grossièreté simiesque des types de la côte africaine s'est perpétuée sans transformation. Et le contraste est en effet bien surprenant.

---

1 Contresens remarquable : il s'agit de « Barbados » dans l'original, donc de la Barbade.

III

L'artiste observateur qui visite la Martinique sera surtout frappé par le port droit et la démarche rapide et régulière des femmes qui portent des fardeaux. C'est à la vue d'une de ces passantes qu'il devra surtout le ton et la couleur antiques de ses premières impressions. Et la plus grande partie des femmes de la population de race mêlée sont des porteuses professionnelles. Presque tout le transport des marchandises légères, – et aussi celui de la viande, des fruits, des légumes, – s'effectue de l'intérieur du pays à la côte, et vice versa, sur des têtes humaines. Dans certains ports, les paquebots réguliers sont chargés et déchargés par des femmes et des jeunes filles assez fortes pour soulever et porter les malles ou les caisses à destination. À Fort-de-France, ce sont des femmes qui chargent le charbon sur les grands navires de la Compagnie Générale Transatlantique. Elles chantent tandis qu'elles vont et viennent par centaines en longues processions, et elles achèvent le travail avec une rapidité extraordinaire. Or la porteuse créole est certainement un des types physiques les plus remarquables qui soit. Et, malgré tout l'enthousiasme artistique que vous inspire son port gracieux, sa démarche souple ou sa beauté à demi barbare, si vous êtes absolument étranger au pays, vous n'arriverez jamais à vous former une idée de la créature étonnante qu'elle est véritablement.

Laissez-moi vous parler du type le plus élevé de la porteuse professionnelle, qui est, comparée à la *charbonnière,* ce qu'est un cheval pur sang comparé à un cheval de trait ; je veux parler du type de la porteuse choisie pour sa résistance et sa rapidité à distribuer les marchandises aux paroisses de l'intérieur, ou à les vendre « à la commission » loin de la capitale. À cette même classe appartiennent aussi les porteuses campagnardes qui transportent les produits des plantations, fruits, légumes, etc., des ports les plus proches jusqu'à leurs propres paroisses à l'intérieur du pays.

Ceux qui affirment que la grande résistance et l'énergie physique n'existent pas dans les tropiques ne connaissent certainement pas la porteuse créole.

IV

Dès l'âge le plus tendre, – vers cinq ans, – elle apprend à porter de petits objets sur sa tête, – un bol de riz, une *dobanne*[1] de terre rouge remplie d'eau, ou une orange placée sur une assiette. Bientôt elle sait équilibrer ces objets parfaitement, sans l'aide de ses mains. J'ai souvent vu des enfants qui couraient, portant sur leur tête des seaux remplis d'eau, dont ils ne versaient pas une goutte. Vers neuf ou dix ans, elle sait porter ainsi un panier ou *trait*[2], relativement lourd, contenant vingt à trente livres de marchandises. Elle accompagne sa mère ou sa grande sœur[3] pendant un long voyage de colportage, marchant nu-pieds pendant dix-huit ou vingt kilomètres par jour ; vers seize ou dix-sept ans, elle est devenue une grande fille robuste, souple, vigoureuse et solide, – tout en tendons et en chair ferme. Elle porte un grand plateau ou panier et un fardeau de cent à cent cinquante livres. Elle gagne maintenant trente francs par mois en parcourant cinquante milles par jour comme colporteuse.

Certaines de sa classe vous font rêver à Atalante ; et toutes,

---

1 Terme expliqué par une périphrase dans l'original : « red earthen decanter ».

2 Le terme anglais « tray » (plateau) est expliqué comme suit dans l'original : « a wooden tray with deep outward sloping sides containing a weight of from 20 – 30 pounds ».

3 La précision « or cousin » est absente de la traduction (« ou encore sa cousine »).

que leurs visages soient laids ou beaux, sont bien faites[1]. Créé par d'extraordinaires nécessités de milieu, ce type est particulièrement locale : c'est le type du pur sang humain représentant le vrai secret de la grâce : l'économie de la force. Sur les longues routes de l'intérieur, il n'y a pas de porteuses corpulentes : toutes sont bâties légèrement et finement comme des coureurs. Il n'y a pas de vieilles porteuses : pour faire ce métier même à quarante ans, il faut avoir une constitution très vigoureuse. Dès que les premières forces de la jeunesse et de la santé sont passées, la pauvre porteuse doit chercher un travail moins dur ; elle ne peut plus lutter contre les jeunes filles. Car cette profession exige du corps humain le maximum de rendement comme force, comme endurance et comme rapidité de mouvement.

En règle générale, le poids que porte la « porteuse » est tel qu'elle ne peut ni le charger ni le décharger sans aide ; l'effort qu'elle ferait ainsi produirait un anévrisme, luxerait un muscle ou un nerf. Il lui est impossible de s'asseoir sous son fardeau sans risquer de se rompre le cou. Afin de se préserver du danger, il lui faut observer un équilibre absolument parfait. J'ai vu moi-même une femme qui s'était rompu un muscle du bras en se montrant trop pressée et imprudente à aider une de ses compagnes à se débarrasser de son fardeau.

Personne, sauf une brute, ne refusera jamais d'aider une femme à soulever son fardeau ou à s'en décharger. Vous verrez parfois le planteur le plus orgueilleux, le négociant le plus riche, rendre ce service avec joie. La bassesse d'un tel refus n'a été conçue que par ces étranges histoires de démons qui abondent dans la littérature traditionnelle[2] créole[i].

---

1 Le texte anglais est plus précis : toutes les porteuses sont bien faites au niveau du torse et des membres (« as to body and limb »).

2 Dans le texte anglais, la littérature en question est « oral and collected » (il s'agit donc d'une littérature orale recueillie et transcrite).

V

En se préparant pour son voyage, la jeune *machanne* (marchande) revêt la plus pauvre et la plus courte de ses chemises, et la plus usagée de ses robes de calicot. C'est tout son costume. Elle relève sa robe devant, de façon à la laisser un peu dépasser les genoux, et elle l'enserre ainsi dans un cordon de taille ou dans une longue écharpe qu'elle enroule étroitement sur les hanches. Au lieu d'un madras ou un turban peint, elle noue un mouchoir ordinaire autour de sa tête : si ses cheveux sont longs, elle les peigne en arrière et les tord en un chignon sur sa nuque, Puis, elle fait un bourrelet, ou *tôche,* ainsi qu'elle l'appelle, en enroulant un mouchoir plus grossier autour de ses doigts comme nous enroulons une ficelle ; elle place ce coussinet, qu'elle a préalablement aplati par une légère tape, sur sa tête au-dessus de sa coiffure. Et ensuite elle pose sur la *tôche* le grand plateau chargé de marchandises.

Elle ne porte pas de souliers. Il lui serait impossible d'être chaussée et accomplir son travail vite et bien dans un pays aussi montagneux. Elle doit chaque jour monter et descendre des milliers de mètres, gravir plusieurs côtes si raides que tous les chevaux du pays meurent après quelques années des mêmes efforts. La porteuse résiste invariablement plus longtemps que le cheval, bien qu'elle porte un poids égal. Et les souliers, à moins qu'ils ne soient extraordinairement bien faits, dévieraient un peu pendant la marche à chaque inégalité de terrain aux montées et aux descentes. Ils comprimeraient les orteils, et produiraient par le frottement des cors, des œils-de-perdrix ou des ecchymoses, et rendraient bientôt la porteuse infirme. Rappelez-vous qu'elle doit parfois marcher cinquante milles entre l'aube et le crépuscule sous un soleil si ardent que nul Européen ou Américain ne peut s'y exposer impunément sans ombrelle, sous le terrible soleil des tropiques. Les sandales sont les seules chaussures concevables qui s'adaptent bien à une profession comme la sienne. Mais elle ne saurait qu'en faire, la plante de ses pieds est durcie de façon à ne point sentir les aspérités de la route et de présenter aux cailloux pointus une surface qui est à la fois résistante et souple, comme un coussinet de caoutchouc plein. En plus de sa charge, elle ne porte qu'une bourse de canevas, attachée à sa ceinture à droite, et, à gauche, une très petite bouteille de rhum, ou plutôt de tafia blanc, qui est si bon marché. Car il se peut qu'elle ne trouve pas toujours à boire l'eau de la Gouyave, la rivière froide, claire et pure transportée des plus hautes montagnes aux fontaines de Saint-Pierre par un merveilleux système de canalisation. Il lui faudra parfois, sur les routes plus éloignées, boire l'eau de source ordinaire des fontaines de bambous, et celle-ci peut provoquer la dysenterie si on ne la coupe pas d'une cuillerée d'alcool. C'est pourquoi la porteuse ne voyage jamais sans emporter un peu d'eau-de-vie.

VI

Voilà ! Elle est prête; *châgé moin, souplé, ché !* Elle se penche pour soulever l'extrémité du lourd plateau, une camarade prend l'autre bout : *yon ! dé ! toué !* Le voici posé sur sa tête. Peut-être sourcille-t-elle un peu, – le poids n'est pas parfaitement équilibré : lors elle l'assujettit elle-même, elle le place. Puis, tout étant bien assuré, souple, légère, et à demi nue elle s'éloigne à longs pas rebondissants. Sa marche est si régulière que le fardeau ne vacille jamais ; pourtant ses mouvements sont si rapides que, tout bon marcheur que vous puissiez être, vous vous fatiguerez après un quart d'heure d'efforts soutenus pour la suivre à la montée. Quinze minutes ! Et la porteuse peut marcher ainsi sans ralentir (sauf un instant à midi pour boire et manger) pendant au moins douze heures et cinquante-six minutes, durée extrême d'une journée aux Antilles. Elle part avant l'aube et s'efforce d'arriver à sa destination avant le coucher du soleil, car, après la tombée de la nuit, comme tous ceux de sa race, elle a peur de rencontrer des zombis.

Laissez-moi vous donner maintenant une idée de la vitesse moyenne à laquelle une porteuse peut marcher portant un poids d'environ cent cinquante livres ; j'ai basé mes calculs en partie sur mes propres observations, en partie sur les déclarations des négociants qui emploient des porteuses, et en partie sur les affirmations des habitants des villes ou des bourgs énumérés plus bas, – et toutes ces déclarations sont parfaitement d'accord.

De Saint-Pierre à Basse-Pointe, par la route nationale, il y a un peu moins de vingt-sept kilomètres trois quarts. La porteuse franchit facilement cette distance en trois heures et demie, – et elle revient dans l'après-midi après une absence qui n'a guère duré plus de huit heures. De Saint-Pierre à Morne-Rouge, – à deux mille pieds d'altitude, et dont la montée est si abrupte que personne ayant les moyens de louer une voiture ne songe jamais à la tenter à pied, – il y a sept kilomètres et demi. La porteuse les parcourt en un peu plus d'une heure, pourtant ceci ne représente que le début de son voyage. Elle se rend ensuite à Grande-Anse, à vingt-et-un kilomètres de là ; mais elle ne s'y repose pas ; elle revient à la même allure et arrive à Saint-Pierre avant la nuit. De Saint-Pierre à Gros-Morne, la distance qu'elle franchira deux fois dans la même journée équivaut à un peu plus de trente kilomètres par jour ! Et beaucoup de *machannes* entreprennent des voyages encore plus longs, des voyages qui durent parfois trois ou quatre jours. Mais elles se reposent alors aux villages sur leur chemin.

VII

Pareils voyages dans un tel pays seraient impossibles si ce n'était par les excellentes routes nationales, – grandes routes de pierres calcaires, solides, larges, graduées avec soin, – qui serpentent de ville en ville, de hameau en hameau par-dessus les montagnes et les ravins ; montant par des lacets à des hauteurs de deux mille cinq cents pieds ; traversant les forêts primitives de l'intérieur ; longeant parfois les précipices les plus vertigineux et parfois descendant jusqu'aux plus belles des vallées. Il y a trente et une de ces routes magnifiques, mesurant en tout 488 kilomètres dont la création nécessita infiniment d'art de la part des ingénieurs, la construction d'innombrables ponts, et les plus ingénieux des stratagèmes afin de les prémunir contre le danger des orages, des inondations et des glissements de terrain. La plupart de ces routes sont munies de fontaines installées en général par des nègres qui ont un système très simple, mais pourtant très pratique pour détourner l'eau d'une source grâce à des tuyaux de bambou, et l'amener ainsi jusqu'à la grande route. Chaque route est de plus divisée par des bornes ; l'écoulement des eaux se fait d'une façon si parfaite, qu'un quart d'heure après la pluie la plus abondante, la route est tout à fait sèche, tant la surface est entretenue en excellente[1] condition. Des talus de terre, recouverts en général de mousses, de vignes ou de fougères, ou même des murs de maçonnerie bordent le côté de la route qui surplombe un abîme dangereux. Et tous ces chemins passent par des paysages d'une beauté surprenante, – visions de montagnes de teintes si différentes et de contours si extraordinaires, qu'elles semblent presque n'avoir été créées qu'à la seule fin d'étonner et d'émerveiller les spectateurs. Cette Nature tropicale semble ne rien créer d'ordinaire ; les formes qu'elle évoque sont toujours gracieuses ou bizarres, et ses excentricités, ses extravagances ont un charme fantastique, un côté grotesque semblable à celui d'un caprice d'artiste. Là même où la vue est interrompue par de grands bois, les silhouettes des vieux arbres, – l'enlacement

1 Dans l'original « tolerably good » (raisonnablement bonne).

infini des vignes tout enflammées par les teintes voyantes de leurs fleurs, – les énormes taches vertes des balisiers aux feuilles de dix à treize pieds de long, – la solennité de colonnades de grands palmiers, – la délicatesse fléchissante et frissonnante des bambous, – la splendeur furieuse des roses, – tout cela vous compense de la perte de l'horizon. Parfois vous approchez d'une montée tapissée de ce qui, à première vue, ressemble tout à fait à une fine fourrure verte : ce sont les premières pousses de jeunes bambous. Ou bien vous apercevez les flancs d'une colline couverts d'immenses plumes vertes, qui toutes s'enchâssent les unes dans les autres comme dans la queue d'un oiseau indescriptible ; ce sont de petites fougères. Et là où la route franchit un ravin profond par un double ou triple pont de pierre blanche, regardez bien quelles formes délicieuses s'élancent vers le soleil hors de l'abîme noir. Vous les appellerez hâtivement « palmiformes » mais nul palmier ne fut jamais aussi gracile, nul palmier ne porta jamais un panache aussi délicat de plumes vertes, légères comme de la dentelle ! Ce sont encore des fougères, – rares survivantes peut-être de cette période de végétation monstrueuse qui précéda l'apparition de l'homme – de belles fougères arborescentes, dont chacune des jeunes plumes, se déroulant en spirale du bourgeon, prend d'abord la forme d'une crosse, – d'une crosse d'émeraude... C'est sans doute pour cela que certaines fougères de cette espèce sont appelées « les arbres archevêques »... Mais il faudrait un siècle pour décrire toutes les choses qu'il y a à voir sur une route de montagne à la Martinique...

VIII

La porteuse accomplit son voyage par toutes les saisons, et par presque tous les temps, sans jamais se soucier de la pluie ; ses marchandises sont protégées par une triple enveloppe caoutchoutée qui enserre bien son plateau. Pourtant les pluies des tropiques qui tombent brusquement, accompagnées d'un vent glacial, sur son corps presque nu, sont très à craindre.

Pour un Européen ou un blanc non acclimaté, une douche pareille, reçue alors que les pores sont encore tout ouverts par la transpiration, serait sans doute fatale ; pour les indigènes blancs eux-mêmes elle est toujours suivie d'une longue et grave maladie. Pourtant la porteuse souffre rarement de ces conséquences ; elle paraît résister aux fièvres, aux rhumatismes, et aux rhumes ordinaires. Mais lorsqu'elle tombe malade, la maladie est terrible, – c'est une pneumonie, qui emporte sa victime dans les quarante-huit heures. Mais ces cas mortels sont heureusement rares parmi les porteuses.

Les exemples d'un retard quelconque sont presque aussi rares que les morts soudaines. Une fois, le patron d'une porteuse, un boutiquier de Saint-Pierre, voyant que sa *machanne* était plus d'une heure en retard, eut la certitude qu'il lui était arrivé quelque chose d'extraordinaire, et il envoya des messagers dans toutes les directions pour se renseigner. Alors on découvrit que la porteuse était devenue mère à mi-chemin de la ville... L'enfant vécut et grandit ; c'est aujourd'hui une jolie petite fille, de huit ans, couleur chocolat, qui tous les jours suit sa mère de leur ajoupa[1] montagnard à la ville et retour, portant un petit plateau sur sa tête.

L'assassinat ayant le vol pour mobile n'est point inconnu à la Martinique, mais on m'assure que les porteuses ne sont jamais attaquées. Pourtant certaines de ces filles portent pour plusieurs centaines de francs de marchandises, et toutes ont sur elles de l'argent, souvent une assez forte somme. L'immunité dont elles jouissent provient peut-être de ce qu'elles voyagent durant la plus grande partie de l'année pendant le jour, et généralement en bande. Il est rare qu'une très jolie fille voyage

1 Une habitation très modeste, une case.

sans protection ; elle a toujours une escorte masculine ; ou bien plusieurs femmes expérimentées et très fortes l'accompagnent. Pendant la saison du cacao, alors que les porteuses partent de Grande-Anse dès deux heures du matin afin d'arriver à Saint-Pierre à l'aube, elles voyagent par compagnies de vingt ou vingt-cinq, en chantant sur le chemin. En général les plus jeunes filles vont toujours deux par deux, du même pas, comme deux juments pur sang ; il n'y a que les vétérans, ou les femmes choisies pour accomplir un travail spécial à cause de leurs capacités physiques, qui voyagent seules. À cette classe appartiennent certaines filles employées par les grandes boulangeries de Fort-de-France et de Saint-Pierre ; ce sont de véritables cariatides. Elles sont plus lourdement chargées que toutes les autres *machannes,* et portent des paniers d'une dimension extraordinaire très haut dans les montagnes, avant l'aube, afin de fournir les familles campagnardes de pain frais, dès la première heure. Pour ce travail elles reçoivent vingt francs par mois, et un pain par jour !...

Pendant un séjour que je fis chez un ami demeurant parmi les collines, à deux milles environ de Fort-de-France, je vis la porteuse de pain locale s'arrêter un matin devant notre porche ; un sculpteur imaginerait difficilement un plus beau type de la race. Elle avait six pieds de haut, – et la force et la grâce s'unissaient dans toute sa silhouette. Avec sa peau noire et nette (si belle aux yeux qui ne sont ni ignorants ni aveuglés par les préjugés), avec ses traits réguliers, solennels et agréables comme ceux d'un sphinx, elle m'apparut, se dressant ainsi dans la lumière dorée, telle une statue symbolisant l'Afrique. Me voyant fumer un de ces longs cigares martiniquais appelés *bouts,* elle m'en demanda un ; comme je n'en avais plus sur moi, je lui donnai dix sous, le prix d'un paquet de vingt bouts. Elle prit l'argent sans un sourire, et continua son chemin. Une heure et demie plus tard elle revint et demanda à me voir, pour me donner la mangue la plus grosse et la plus belle que j'eusse jamais vue, – une mangue monstrueuse. Elle me dit qu'elle voulait me la voir manger et elle s'assit par terre pour me regarder. Et tandis que je savourais le fruit, j'appris qu'elle avait fait un détour d'un kilomètre et demi sous ce soleil de feu, simplement pour m'apporter ce petit tribut de sa reconnaissance.

IX

La porteuse franchit quinze kilomètres[1] par jour sous un fardeau de plus de cent livres, – car lorsque le plateau est vide, elle le remplit de pierres, en guise de lest. Elle porte les marchandises et l'argent de son patron au-delà des montagnes, par-dessus les ravins, à travers la forêt tropicale, parfois par des sentiers hantés par le *fer-de-lance,* – et cela en été comme en hiver, pendant la saison des chaleurs, pendant la période des ouragans et des fièvres, – pour un franc par jour !...

Comment fait-elle pour vivre ?...

Il y a vingt sous dans un franc. La jeune fille quitte Saint-Pierre de bon matin avec son fardeau. Au deuxième village, à Morne-Rouge, elle fait halte pour acheter un, deux ou trois biscuits à un sou pièce. Arrivant à Ajoupa-Bouillon plus tard dans la matinée, elle achètera peut-être encore un ou deux biscuits. En somme elle mange pour cinq sous de biscuits ou de pain avant d'arriver à Grande-Anse où, sans doute, on lui a préparé un repas. Ce repas lui coûte environ dix sous, surtout si le ragoût contient de la viande, ce qui représente un total de quinze sous pour sa nourriture. Ensuite il y la dépense d'eau-de-vie bon marché qu'elle mélange à son eau, car il serait fort dangereux d'avaler ne fût-ce qu'une gorgée d'eau froide et

---

1 Dans l'original, il est question plutôt d'une distance d'entre 60 et 75 kilomètres – « between 40 and 50 miles ».

pure, ayant aussi chaud ; cela lui coûte encore deux ou trois sous. Le franc est presque dépensé. Pourtant il lui faut encore se loger, se vêtir ; elle couchera parfois sur le sol nu, et vingt francs par an lui suffiront pour s'habiller. Encore faut-il qu'elle lave le plancher, et qu'elle paye ses vêtements ! En fait, non seulement elle paye tout cela sur ces vingt sous par jour, mais elle parvient même à faire quelques économies qui lui permettront, lorsque sa jeunesse et sa force auront disparu, de s'installer à son propre compte. Et ceci ne vous paraîtra pas si surprenant lorsque je vous dirai qu'à la Martinique des milliers d'hommes, forts et musclés comme des taureaux et des lions, vivent sur une moyenne de cinq sous par jour. Un sou de pain, deux sous de farine de manioc, un sou de morue séchée, un sou de tafia, – voilà leur repas !

Il y a des porteuses qui gagnent plus qu'un franc par jour ; ce sont celles qui ont un don spécial de vendeuse, et qui ont un tantième, de dix à quinze pour cent, sur toutes les ventes. Celles-ci deviennent souvent indépendantes ; elles continuent à vendre et à marchander en personne, mais prennent une jeune fille pour porter les marchandises.

X

... *Ou lé machanne !* claironne un riche alto, résonnant comme un gong, derrière les balisiers qui entourent notre jardin. Elles sont deux, – non, trois, Maiyotte et Chéchelle arrivent de Saint-Pierre, Rina vient de Gros-Morne, avec des fruits et des légumes. Appelons-les, et voyons ce qu'elles portent. Maiyotte et Chéchelle vendent au tantième. Rina vend pour sa mère qui exploite un petit jardin à Gros-Morne.

– *Bonjou,* Maiyotte ; – *bonjou,* Chéchelle ; *comment ou allé,* Rina, *ché !* Ouvrons tout grand les doubles portes pour laisser passer les immenses plateaux... La vieille Théréza et la jeune

Adou les aident toutes les trois à déposer leurs fardeaux à terre, et elles défont les cordes des toiles caoutchoutées. Pendant ce temps, *Ah Manmzell,* la fille adoptive de la maison, apporte du rhum et de l'eau pour les grandes voyageuses[1].

Oh, quel mélange, Maiyotte ! Des encriers de bois[2], des bourses, des chiens et chats en papier ; des poupées et des cosmétiques, des épingles, des aiguilles, des savons et des brosses à dents ; des fruits confits et des calottes, des pelotes de fil, des lacets, des rubans, des dentelles et du vin de Madère ! Des manchettes, des cols, des souliers de bal, et des blagues à tabac... Mais que contient ce petit paquet tout plat ?... Des cadeaux pour votre *Guèpe,* pour votre amoureux, si vous en avez un... *Jésis Maïa !* – Les jolis foulards ! À carreaux azur et[3] jaunes rayés d'orange et de vert[4]! Des écossais roses et écarlates ; et des tons bronzés, et des tons noirs et verts d'insectes.

Chéchelle, quel *bloucoutoum* cela ferait si tu laissais tomber ton plateau, *aïe yaïe, yaïe !*

C'est un véritable magasin de porcelaine et de faïence : il y a là des tasses, des plats et des assiettes, des *canaris* de terre-cuite et des *dobannes,* et des gobelets, pour servir de cadeaux, et qui portent des noms de jeunes filles créoles, – des noms qui finissent tous en *-ine* : « Micheline, Honorine, Prospérine (tu ne vendras pas ce gobelet-là, Chéchelle, il n'y a pas une Prospérine de ce côté de Saint-Pierre !), Azaline, Léontine, Zéphyrine, Albertine, Chrysaline, Florine, Coraline, Alexandrine... » Et des couteaux, des fourchettes, des cuillers bon marché, des cafetières de métal, des hochets d'étain pour les bébés, et des flûtes d'étain pour de méchants petits garçons,

---

1 Le terme « walkers » se traduirait plutôt par « marcheuses ».

2 Dans l'original il s'agit plutôt de « inkstands and wooden cows », c'est-à-dire d'encriers et de petites vaches sculptées en bois.

3 Hearn avait indiqué que les carreaux sont plutôt bleus ou jaunes.

4 Il s'agit non pas de « green » mais de « crimson » (donc de « cramoisi »).

et des crayons, du papier et des enveloppes !...

– Oh ! Rina ! Quelles superbes oranges ! Elles ont bien douze pouces de diamètre... Et comment appelles-tu ce fruit-ci qui ressemble à notre mandarine ? Des *zoranges-macaques,* – des oranges de singe ! Et voici des avocados[1], des merveilles ! Des goyaves de trois espèces différentes, des cerises des tropiques qui ont quatre noyaux au lieu d'un seul, des framboises des tropiques dont toute la partie comestible se détache d'un bloc, et semble doublée de soie blanche... Voici des muscades fraîches ; l'épaisse écorce verte se sépare en deux au toucher, – et voyez le cœur merveilleux qu'elle renferme, d'un rouge profond, brillant et sombre, tout enveloppé d'un scintillant réseau de fibres plates, couleur de sang, tissées là-dessus comme des veines ramifiées...

Ce grand fruit lourd, jaune et rouge, c'est une *pomme cythère,* la peau douce[2], amère comme du fiel, recouvre une pulpe juteuse et sucrée, entrelacée à ce qu'on dirait être du fil de coton...

Voici une *pomme-cannelle* : sous son écorce écailleuse se trouve la plus délicieuse crème jaune qu'on puisse imaginer, dans laquelle flottent de petites graines noires. L'intérieur de ce *corossol* plus grand est presque aussi délicat, seulement la crème est blanche au lieu d'être jaune... Voici des *christophines,* en forme de grandes poires, blanches et vertes selon l'espèce, avec une peau aussi noueuse et piquante que celle d'un crapaud à cornes ; mais en compotes elles sont délicieuses ! Et voici encore des *mélongènes,* de la moelle de palmier, des *chadèques,* et des pommes d'Haïti et puis des

1 Le fait que le traducteur ait gardé ici la forme étrangère du terme insuffle au texte français un peu de la variété linguistique de l'original anglais, irrigué (ou créolisé) comme il est non seulement par un très grand nombre de termes créoles, mais aussi par de très nombreuses expressions françaises.

2 Le mot anglais « smooth » se traduit plutôt par « lisse ».

racines qui, au premier coup d'œil, semblent toutes pareilles, mais qui en fait sont très différentes : il y a parmi elles du *camanioc,* des *couscous,* des *choux-caraïbes,* des *zignames,* et plusieurs espèces de patates. Et avant le soir, la vieille Théréza, grâce à sa magie, aura transformé toutes ces choses boueuses en des pyramides d'or fumant, en des bouillies odoriférantes qui ressembleront à des plats d'ambre fondu et de perle liquide... car Rina fait une bonne vente...

Chéchelle parvient ensuite à placer une cafetière d'étain et un grand *canari...* Mais c'est Maiyotte qui fait la meilleure affaire : la vue d'une drôle de poupée en biscuit fait simultanément pleurer et sourire Ah-Manmzelle de telle façon que je serais attristé pour le reste de ma vie si je ne la lui achetais pas... Je sais qu'on doit me rendre de la monnaie sur ces six francs ; et Maiyotte, qui est noire et belle comme les tentes de Kedar, comme les rideaux de Salomon, le sait aussi.

Oh, Maiyotte, combien plaintif est votre joli petit visage de sphinx, tourné de profil, – comme si vous deviniez que vous êtes belle ainsi, – avec les grands anneaux d'or qui scintillent et se balancent à vos oreilles lorsque vous vous penchez !... Et pourquoi êtes-vous si longue, si longue à délier votre pauvre petite bourse de canevas ? – À la manier et à la tâter ainsi ?... Est-ce parce que vous voulez me faire songer au poids de votre fardeau, et aux soixante kilomètres que vous devez parcourir à pied, – dans la chaleur, – dans la poussière ? Voulez-vous me faire penser à toutes vos déceptions ?... Ah ! vous êtes bien rusée, Maiyotte !... Non, je ne veux pas la monnaie...

XI

Lorsqu'elles voyagent ensemble, les porteuses marchent souvent en silence pendant de longues heures ; ça c'est quand elles sont lasses. Parfois elles chantent, en général lorsqu'elles approchent de leur destination ; et, quand elles bavardent, elles le font dans un timbre si élevé que leurs voix s'entendent à de grandes distances dans ce pays d'échos et de montagnes. Mais celle qui voyage seule est rarement silencieuse ; elle se parle à elle-même ou aux choses inanimées ; on l'entend parler aux arbres, aux fleurs, aux hauts nuages, aux pics lointains, aux couleurs changeantes, au soleil couchant.

Par-dessus les lointains elle aperçoit peut-être de grand matin le majestueux Piton Gelé, – un cône d'améthyste dans la lumière. Et elle lui parle : – *Ou jojoll, oui ! moin ni envie monté assou ou, pou moin ouè bien, bien !* (« Tu es joli, joli, joli ! Que ne puis-je te gravir, pour voir au loin, au loin ! »)

Elle passe près d'un grand bosquet de palmiers : ils sont si nombreux que, contre le soleil, leurs cimes entremêlées forment une épaisse tente de feuillage. Beaucoup sont droits comme des mâts ; d'autres se courbent à des angles heureux, semblant entrecroiser leurs membres longs et pâles en une danse fantastique ; d'autres se plient comme des arcs ; il y en a un qui ondule des racines à son faîte, comme un serpent monstrueux, posé sur sa queue. Elle aime regarder celui-là, – *joli piti bois-là !* – et elle lui parle en passant près de lui, et lui souhaite le bon jour.

Puis se retournant comme elle gravit le sentier, elle voit l'immense rêve bleu de la mer, – ce fantôme qui la hante toujours et qui grandit toujours à mesure qu'elle gravit la route. Et elle lui parle aussi.

– *Mi lanmé ka gadé, moin ! Maché toujou deïé moin, lanmé !* (Voilà la grande mer qui me regarde ! Marche toujours derrière moi, ô mer !)

Ou bien encore elle contemple les nuages de la Pelée, qui s'étendent tout gris du sommet invisible, et ombrés contre le soleil. Et elle redoute la pluie, et pourtant elle lui parle :

Pas mouillé moin, laplie ! Quitté moin rivé avant mouillé moin ! (Ne me mouille pas, ô Pluie ! Laisse-moi arriver avant de me mouiller !)

Parfois un chien se met à aboyer sur son passage et menace ses jambes nues ; et elle parle au chien.

Chien-à, pas modé moin, chien-anh ! Moin pa ou arien, chien, pou ou modé moin. (Ne me mords pas, ô chien. Je ne t'ai jamais rien fait pour que tu me mordes, ô chien. Ne me mords pas, chéri, ne me mords pas, doudoux !)

Parfois elle rencontre une de ses sœurs chargée, elle aussi, et se dirigeant en sens inverse.

Coument ou yé, ché ? lui crie-t-elle.

Et l'autre répond :

Toutt douce, ché, et ou ?...

Et elles se croisent toutes deux sans s'arrêter ; elles n'en ont pas le temps.

C'est peut-être la dernière voix humaine qu'elle entendra pendant bien des kilomètres... Après cela elle ne percevra plus que le murmure des herbes, – *graïe-gras, graïe-gras !* et le chuchotement[1] des cannes à sucre , – *chouà-chouà !* et le parler rauque du *Pois-Angole, ka babillé comm yon vié femme,* – et le murmure des arbres-*filao* pareil au murmure de la Rivière des Lavandières.

XII

... Le couchant s'approche, la lumière est devenue d'un jaune riche ; de longues formes noires sont étendues à travers la route sinueuse, – les ombres des balisiers et des palmiers, les ombres des tamariniers et du roseau d'Inde, les ombres du ceiba et des fougères géantes. Et les porteuses descendent à travers les clairs-obscurs de la route revenant de Grande-Anse, pour faire halte un moment dans ce petit village. Elles vont s'asseoir ici,

---

1 Le mot « gossip » signifie plutôt des bavardages ou des commérages.

sur le bord de la route, devant la maison du boulanger dont le grand mitron nègre Jean-Marie les guette sur le seuil, pour les aider à se débarrasser de leurs fardeaux... Jean-Marie est l'homme le plus fort de tout le Champ-Flore. Voyez quel torse il a tandis qu'il se tient ainsi, nu jusqu'à la ceinture... Son travail quotidien est terminé ; mais il aime attendre la venue des jeunes filles, bien qu'il soit vieux maintenant, et qu'il ait des fils aussi grands que lui. C'est une habitude : certains disent qu'il eut une fois une fille, – une porteuse comme celles qui s'approchent, – et qu'il l'attendait ainsi tous les soirs sur ce même seuil... Mais un soir elle n'apparut point, et elle ne revint plus : et quelques jours plus tard il la rapporta dans ses bras, morte, frappée par un serpent sur une route de montagne solitaire... Car dans ce temps-là les routes étaient moins bonnes qu'aujourd'hui.

Voici les porteuses qui s'avancent : jaunes, et rouges, et noires. Voyez l'éclat des pieds jaunes là où ils touchent la lumière. Et quels tons impossibles prennent les jambes et les bras rouges dans le flamboiement changeant... Finotte... Pauline, – Médelle, – toutes ensemble, comme d'habitude, – avec Ti-Clé qui trotte derrière, très fatiguée... Qu'importe, Ti-Clé, tu dépasseras tes cousines dans quelques années, jolie Ti-Clé... Voici venir Cyrellia, et Zabette, et Féfé, et Dodotte et Févriette. Et derrière elles viennent les deux *chabines,* les jeunes filles dorées: ce sont des jumelles qui vendent des soies, des fils et des foulards ; elles sont toujours ensemble, et portent toujours des robes et des mouchoirs de même couleur, de sorte qu'on ne peut jamais dire qui est Lorrainie et qui est Édoualise.

Toutes sourient en apercevant Jean-Marie qui les attend et qui les interpelle de sa voix profonde :

– *Comment ou yé, ché ! comment ou kallé ?*

Et elles répondent presque toutes[1]:

---

1 L'expression anglaise « they mostly make answer » signifierait plutôt

– Toutt douce, ché, – et ou ?...

Mais certaines, trop lasses, lui crient :

– Ah ! déchâgé moin vite, ché, moin lasse, – lasse !

Alors il les débarrasse de leurs fardeaux, et leur cherche du pain, et leur dit des phrases gentilles et bêtes pour les faire rire. Elles sont contentes et rient comme des enfants, assises sur la route en grignotant leur pain.

J'ai vu cette scène si souvent... Laissez-moi fermer les yeux un instant seulement, – et tout cela me reviendra, – à travers les milliers de kilomètres, par-dessus les tombes des jours.

Je revois la route de montagne dans le flamboiement jaune, rayée par les ombres des palmiers. Je regarde encore les pieds légers s'approcher tantôt à l'ombre, tantôt au soleil, – silencieusement comme des feuilles tombantes. J'entends encore les voix qui crient : *Déchâgé moin vite, ché, moin lasse !* et je vois les deux bras puissants de Jean-Marie s'élever pour atteindre les fardeaux...

... Mais il y a quelque chose de changé... Je ne sais quoi... La route est toute vaporeuse, et aussi les frondaisons, et les beaux pieds nus des porteuses qui s'avancent et même la lumière de ce coucher de soleil qui est toujours plus grand et plus près de nous que l'aube, – de même que la Mort est plus proche de nous que la naissance. Et le chemin fantôme est un chemin dont la poussière est faite de celle de générations disparues. Et la Forme qui attend là-bas n'est jamais Jean-Marie, mais Quelqu'un de plus sombre et de plus fort que lui. Et ce sont sûrement les voix des âmes fatiguées qui Te supplient, ô Toi, cher et sombre Donateur du Repos Eternel : « *Ah ! déchâgé moin vite, ché, moin lasse !* »

« elles répondent en général ».

LA GRANDE ANSE

I

Pendant mon séjour au village de Morne-Rouge, je fus souvent frappé par la beauté singulière des jeunes filles de la côte nord-est, – toutes des porteuses, qui passaient presque journellement, se rendant de Grande-Anse à Saint-Pierre et retour, – ce qui représentait un voyage total de 35 milles. Je savais qu'elles venaient de Grande-Anse parce que le boulanger du village, dans la boutique duquel elles avaient l'habitude de faire de courtes haltes, me racontait beaucoup de choses sur elles. Il les connaissait toutes par leurs prénoms. Lorsque apparaissait une fille particulièrement attrayante, je lui demandais d'où elle venait. Et le boulanger me répondait invariablement : « Ah ! C'est de Grande-Anse, ça ! ». Et le ah ! à l'intonation bizarre qui précédait sa réponse signifiait : « Voyons ! vous devriez vraiment savoir ça ! ». Mais si une fille d'un type ordinaire peu intéressant apparaissait à son tour, il n'hésitait pas à déclarer qu'elle venait de Gros-Morne, de Capote, de Marigot peut-être, mais jamais de Grande-Anse. Les filles de Grande-Anse se distinguaient par leur peau jaune clair ou brune, par leurs tailles souples et légères et par une grâce particulière dans leur façon de s'habiller. Leurs robes courtes étaient toujours de couleurs vives et plaisantes, qui contrastaient parfaitement avec la teinte de fruit mûr de leurs jambes nues et de leurs visages. Je remarquais qu'elles avaient un goût particulier pour les étoffes blanches aux rayures jaunes abricot, pour les écossais bleus et violets et pour différents dessins roses et mauves. Elles avaient une façon gracieuse de marcher sous leurs fardeaux, les mains jointes derrière leurs têtes et les bras levés à la manière des caryatides. Un artiste eût été fou de joie d'avoir l'occasion de croquer quelques-unes de ces silhouettes. En somme, elles vous donnaient l'impression d'appartenir à une race particulière, très différente de celle de la ville principale et des environs.

– Est-ce que tout le monde est couleur banane à Grande-Anse ? demandai-je. Et toutes les filles sont-elles aussi jolies que celles-ci ?

– Je ne suis jamais allé à Grande-Anse, répondit le petit boulanger, quoique j'habite la Martinique depuis quarante ans. Mais je sais qu'à Grande-Anse, *il y a une belle jeunesse, mon cher* !

Je me mis à songer pourquoi la jeunesse de Grande-Anse était plus belle que celle des autres villages ; et il me sembla que l'aveu même du boulanger pouvait m'en fournir l'explication. Des trente-cinq mille habitants de Saint-Pierre et ses faubourgs, vingt-cinq mille, au moins, ne sont jamais allés à Grande-Anse, et n'y iront sans doute jamais. Peu d'habitants du côté ouest de l'île visitent la côte est. De fait, à part les créoles blancs qui ne représentent qu'un petit pourcentage de la population totale, on rencontre peu de personnes qui connaissent bien toutes les différentes parties de leur île natale. Elle est si montagneuse, et les voyages y sont si fatigants, que des populations entières peuvent vivre et mourir dans les vallées voisines sans jamais gravir les chaînes de montagnes qui les séparent. Grande-Anse n'est qu'à environ vingt milles de la ville principale, mais il faut un attrait considérable pour qu'on entreprenne ce voyage à cheval. Et seules les porteuses professionnelles, les commissionnaires des plantations, et les gens de couleur d'une constitution exceptionnellement robuste, franchissent ces kilomètres à pied. À part le transport de rhum et de sucre, il n'y a pour ainsi dire pas de commerce entre les côtes de l'est et de l'ouest de l'île, – la mer est trop dangereuse, – et ainsi les populations des deux côtés de la Martinique sont-elles plus ou moins isolées les unes des autres, étant de plus subdivisées et séparées par des chaînes de collines qui traversent leurs territoires respectifs. Et je me demandais si une communauté aussi retirée ne pourrait pas former quelques caractéristiques spéciales au cours de deux siècles, qui se traduiraient par une population d'un type jaune, rouge ou brun, suivant l'élément primitif prédominant dans le croisement original des races.

II

Je désirais depuis longtemps voir la ville des *porteuses,* quand j'eus l'occasion de m'y rendre avec un ami que des affaires importantes appelaient à Grande-Anse. Je ne crois pas que je me serais jamais résigné à faire ce trajet seul. Si la route était plate, la distance serait vite franchi ; mais, à traverser des montagnes, le voyage semble long et fatigant dans l'éternelle chaleur tropicale. Que ce soit à cheval ou en voiture, il faut quatre ou cinq heures pour aller de Saint-Pierre à Grande-Anse, et encore plus longtemps pour en revenir, – car alors la route monte à peu près tout le temps. La jeune porteuse voyage presque aussi vite que les chevaux, et le facteur noir, aux pieds nus, qui porte le courrier dans une boîte carrée suspendue au bout d'une perche, doit, en quittant Morne-Rouge à quatre heures du matin, arriver à Ajoupa-Bouillon un peu après six heures ; repartant de là à six heures et demie, il est censé parvenir à Grande-Anse à huit heures et demie en comprenant de nombreux arrêts en cours de route.

Si l'on part pour Grande-Anse de la ville principale, il est facile de louer un cheval à Saint-Pierre ou de monter par la diligence publique jusqu'à Morne-Rouge où l'on se procure voitures et chevaux, ce qui est à la fois plus facile et plus économique. À un mille environ au delà de Morne-Rouge, là où la vieille route de Calebasse se joint à la grande route, vous avez atteint le point le plus élevé de votre voyage – la cime de l'énorme crête qui divise le nord-est de l'île de la côte de l'ouest, et qui protège Saint-Pierre, où il fait lourd et étouffant, des moussons. De la cime de la petite colline qui domine le Champ-Flore et où s'élève une grande croix de pierre, vous apercevez la mer simultanément des deux côtés de l'île, une mer d'un bleu de lapis-lazuli. De cette hauteur la route descend par cent détours et lacets jusqu'à la côte de l'est. Elle s'enfonce entre les mornes boisés jusqu'à leurs sommets, surplombe d'innombrables torrents et ravins, et franchit des gorges d'où des arbres colossaux se dressent très hauts à travers d'épaisses chutes de lianes pour confondre leurs faîtes en une ombre magnifique. De temps à autre, vous entendez un son long et bas, – très doux, comme la note basse d'une flûte d'argent ; c'est un appel d'oiseau, c'est le cri du *siffleur de montagne.* Puis le silence. Peut-être ne verrez-vous pas de visage blanc pendant des heures, mais, de temps à autre, une porteuse vous dépasse en marchant très vite, – ou bien un laboureur lourdement chargé. Et ils vous saluent soit par une parole, soit en portant la main à la tête... Et il est très agréable d'entendre l'accueil et de voir les sourires de ceux qui vous croisent ainsi, les belles filles brunes portant des paniers, les sombres laboureurs courbés sous de lourdes charges d'herbe de bambou. *Bonjou Missié !* Alors, si votre interlocutrice est jeune et jolie, il faut bien lui répondre : *Bonjou ché !* ou si elle est âgée : *Bonjou monfi !* Mais s'il s'agit d'un homme, il faut toujours lui dire : *Bonjou monfi !...* Ces bienveillants « bonjours » se font plus rares aujourd'hui que jadis. Mais ils font toujours partie des bonnes et véritables mœurs créoles.

La beauté légère des fougères arborescentes qui ombragent tous les ruisseaux, la grâce des bambous et des hautes herbes, semblent décroître à mesure que la route descend. Mais par contre les palmiers s'élèvent davantage. Souvent le sentier longe un précipice dominant quelque échappée donnant sur une vallée ; ou, encore, il est muré par de hautes pentes vertes et broussailleuses qui coupent la vue ; mais il décrit toujours de tels lacets que vous ne pouvez voir devant vous que quelques centaines de mètres[1] du ruban blanc de la route.

Au quinzième kilomètre, on découvre sur la droite une vue glorieuse qui s'étend jusqu'à l'Atlantique ; la route serpente encore très haut ; des forêts ondoient à des centaines de mètres plus bas, et s'élèvent le long des flancs des mornes, au delà desquels, ça et là, se dressent d'étranges formes de montagnes, dont les ombres vont d'un vert brumeux jusqu'au violet et au gris le plus pâle. Et à travers cette magnifique trouée dans la houle multicolore de collines et de pics, vous apercevez les champs de canne à sucre jaune d'or qui touchent la mer, couleur de ciel... Grande-Anse se trouve dans cette direction.

À la dix-huitième borne kilométrique, vous dépassez un petit groupe de *cottages*[2], une église et un ou deux grands bâtiments qu'encadre l'ombre des arbres : c'est le hameau d'Ajoupa-Bouillon. Un peu plus loin encore, et vous laissez tous les bois derrière vous. Mais la route continue toujours ses courbes ahurissantes autour et entre des petits mornes couverts de canne à sucre ou de cacaotiers. Elle plonge très bas pour remonter ensuite, de nouveau. Et vous remarquez alors que le sol change de couleur : il prend une teinte rouge. Puis vous franchirez la rivière Falaise (écrit *Filaise*[3] sur les vieilles cartes), dont le torrent cristallin, peu profond, coule dans un chenal rocailleux. Vous traversez aussi *la Capote* et d'autres ruisseaux. Et par-dessus le rebord jaune des collines de canne à sucre, la longue barre bleue de la mer apparaît, bordée du côté de la terre d'une étincelante frange d'écume.

---

1 Il s'agit de quelques centaines de « feet » (pieds) dans l'original.

2 Voir *supra*, à la page 21, la note 1.

3 Ce mot s'écrit « filasse » dans l'original anglais.

Les hauteurs que vous avez dépassées ne sont plus verdoyantes, mais pourpres[1] ou grises, et, surplombant le tout, se dresse l'énorme Pelée ennuagée.

Un vent très fort souffle, c'est la mousson qui chasse les nuages vers l'ouest. Voici la partie la plus ensoleillée de la Martinique, celle où les jours gris et les grandes pluies sont le moins fréquents. La mer disparaît et reparaît encore une ou deux fois, par-dessus les cannes à sucre. Enfin, après avoir franchi un pont et décrit une dernière courbe, la route descend tout à coup à pic jusqu'à la côte et pénètre dans le bourg de Grande-Anse.

III

En quittant Morne-Rouge à huit heures du matin, nous arrivâmes à Grande-Anse vers onze heures et demie. Tout y avait été aménagé pour nous recevoir aussi confortablement que possible. Je fus enchanté par la spacieuse chambre d'angle qu'on m'avait réservée et qui commandait à la fois une vue sur la route principale et sur la mer, – une chambre très élevée, grande ouverte aux moussons. Mais après un long trajet en voiture, dans la chaleur d'une journée de juin aux tropiques, on éprouve toujours le besoin de prendre un peu d'exercice physique. Je ne m'attardai donc point dans la maison et je sortis pour visiter la petite ville et ses environs.

Vu de la grande route, le bourg de Grande-Anse met une tache obscure entre la côte verte et la mer bleue : il est presque entièrement noir et gris et pourrait inspirer le burin d'un

---

1 Marc Logé a tendance à traduire l'anglais « purple » par « pourpre », alors que « purple » est la couleur de la bruyère, donc il s'agit d'un ton bien plus mauve ou violet que le pourpre, ce rouge foncé tirant à peine sur le violacé.

aquafortiste. De hautes pentes de canne à sucre et de prairies s'étagent derrière la ville et à ses deux extrémités, ondulant dans le lointain vers les pics pourpres[1] et gris des montagnes. Au nord et au sud, à droite et à gauche, la terre s'étend en deux hauts promontoires très verts et qui sont à un mille l'un de l'autre ; ce sont la Pointe du Rocher et la Pointe de Séguinau ou de Croche-Mort, lequel nom nous rappelle la légende d'un esclave insoumis[2], qui fut fusillé sur cette falaise. Ces promontoires forment la baie semi-circulaire de Grande-Anse. La vallée de la Grande Anse est un immense bassin de basalte et, bien que très étroite, elle est cependant arrosée par cinq rivières différentes, dont la Rivière de la Grande Anse.

La ville ne comprend que trois courtes rues. La voie principale, ou Grande-Rue, n'est qu'une continuation de la route nationale ; plus bas, il y a une rue plus étroite appelée jadis Rue de la Paille, parce que les chaumières qui la bordent avaient autrefois des toits en paille de canne. Et plus haut, une troisième rue longe les plantations de canne à sucre qui s'éloignent en grandes ondulations à la rencontre des mornes et du ciel.

Rien dans la ville ne présente un intérêt architectural ; tout y est sombre, – les murs, les toits et les pavés. Mais après avoir traversé le bourg et suivi la route du sud qui gravit le promontoire de Séguinau, on découvre quelques échappées incomparables, – vaste houle de mornes arrondis, avec au loin des pics violets, tronçonnés ou pointus, qui se dressent à l'horizon au-dessus des ondoiements les plus élevés de canne à sucre. Au-dessus de la ville, on apercevra peut-être la Pelée dépouillée de nuages, – non comme elle apparaît vue de la côte opposée, mais se dessinant comme une immense silhouette

---

1 Voir à la page 32, la note 1.

2 La précision selon laquelle il s'agit d'un « homme de couleur » (« a man of color ») n'est pas traduite.

fantastique[1], aux flancs abrupts, au sommet presque carré, et si pâle qu'elle semble presque transparente. Puis, si on traverse le promontoire, vers le midi, la route conduit à une autre vallée, très belle, qu'arrose un large torrent rocailleux, la vallée de la Rivière du Lorrain. Ce clair ruisseau se précipite vers la mer à travers une brèche très élevée dans les collines. En regardant vers l'occident entre ces collines, on est charmé par la perspective exquise de formes vertes s'empilant et se dressant les unes sur les autres, pour atteindre la haute crête bleue du fond, – visions de montagnes fantastiques et dentelées appartenant à la chaîne centrale qui traverse presque toute l'île du nord au sud. C'est par-dessus ces sommets bleus que la belle route de la Trace serpente entre des murs de forêts vierges.

Mais plus on se familiarise avec le visage de la petite ville, plus on est frappé par l'étrange ton basané qu'elle conserve parmi toute cette étendue splendide de teintes radieuses. Il n'y a dans la ville que deux taches de couleur visibles : l'église et l'hôpital qui, bien que construits en pierre, ont été peints en jaune. Telle une masse dans le paysage, couchée entre l'or mat des collines revêtues de canne à sucre et le bleu délicieux de la mer, Grande-Anse demeure presque noire sous le prodigieux flamboiement de lumière. Les fondements de roche volcanique de trois à quatre pieds de haut sur lesquels reposent les charpentes de toutes les maisons de bois, sont noirs, et le vent de la mer semble noircir les boiseries en dépit des couches de peinture qui les recouvrent. Les toits et les façades ont l'apparence d'avoir été longtemps exposés à la fumée de charbon, bien que personne à Grande-Anse n'ait probablement jamais vu de charbon. Les pavés, le ciment et les cailloux sont tous couleur cendre-foncée avec des scintillements micacés, et si durs que leur contact est désagréable même aux pieds protégés par d'épaisses chaussures. Plus tard on remarque des

1 Le terme « fantomatique » traduirait mieux « ghostly ».

murs de pierres noires, et on se rend compte que le noir forme un des éléments du paysage. Sur les routes menant à la ville, on observe, de temps à autre, des masses de rochers pointus où de grands blocs émergent de la verdure environnante, et qui sont noirs comme de l'encre. Ces surfaces noires scintillent également. Les lits de toutes les rivières avoisinantes sont remplis de cailloux gris foncé, dont beaucoup, brisés par ces crues violentes qui entrechoquent les rochers, inondent les vallées et éparpillent des serpents morts dans les fonds, – révèlent des cœurs noirs. Des pics nus, surgissant çà et là des vertes falaises, sont couleur de suie, et le sable de la plage est d'un noir funéraire, et ressemble presque à du charbon de bois pulvérisé. Lorsqu'on y marche, en s'enfonçant de trois ou quatre pouces à chaque pas, on est surpris d'y apercevoir d'innombrables miroitements pareils à une subtile effervescence argentée.

Ce sable extraordinaire contient quatre-vingts pour cent d'acier naturel, et on a même essayé de l'utiliser pour l'industrie. Il y a quelque temps une compagnie se forma, et on inventa une machine destinée à séparer le métal du sable pur. C'était un immense aimant rotatif qui, mis en mouvement sous une pluie de sable, retenait l'acier qui y était contenu. Quand la croûte que formait ainsi l'acier adhérant à l'aimant était d'une certaine épaisseur, la simple interruption d'un courant électrique précipitait le métal dans des réceptacles appropriés. On fabriqua d'excellents instruments tranchants avec cet acier volcanique ; certains métallurgistes français déclarèrent que ce produit était d'une excellence rare. Cependant le projet de la Compagnie fut abandonné. La désorganisation politique qui suivit l'établissement du suffrage universel effraya les capitalistes qui auraient pu aider l'entreprise sous de meilleures conditions, et le manque de moyens suffisants, ainsi que le coût du transport de l'acier ainsi obtenu aux marchés éloignés, découragèrent ce très louable effort pour fonder une industrie locale.

Parfois, après de grands ouragans, la mer rejette de ses profondeurs du sable brun clair ; mais le lourd sable noir reparaît toujours de nouveau, et recolore toute la plage.

IV

Derrière la spacieuse maison de bois où j'occupais une grande chambre, il y avait un petit jardinet entouré d'une haie soutenue par des piquets de bambou, et toute éclatante des fleurs de *l'oseille-bois,* nom créole pour une espèce de bégonia, dont le bouton fermé ressemble exactement à un petit coquillage bivalve, blanc et rose, et dont la fleur épanouie imite la forme d'un papillon. Ça et là sur l'herbe, des filets séchaient ainsi que des nasses, – et immédiatement derrière la haie apparaissaient les éclats blancs des brisants. Le souvenir le plus vif de mon séjour à Grande-Anse se rapporte à la première fois où je me suis aventuré jusqu'au bout de ce jardin, et où j'ai ouvert la petite grille de bambou. Je me trouvai alors dominant la plage, – immense étendue de sable d'un noir de suie, avec çà et là des traînées vert pâle, résidus de chaume de canne, et d'ordures en décomposition apportées par d'innombrables marées passées. L'unique barque de pêche de la communauté gisait devant moi sur le sable. C'était la période la plus chaude de l'après-midi ; la ville dormait : on ne voyait personne ; le grondement des brisants dominait tous les autres bruits et l'odeur du vent marin, chaud et puissant, annihilait tous les autres parfums.

Puis, très brusquement, j'éprouvai une sensation absolument étrange, tandis que je contemplais la mer farouche qui rugissait sur la plage de sable noir, – la sensation que je voyais une chose irréelle, que je contemplais quelque chose qui n'était pas plus tangible qu'un souvenir. Cette idée, me fut-elle suggérée par ma première blanche vision des vagues au-dessus de la haie des bambous, ou par ces lignes vertes d'anciennes marées étendues sur la désolation de la plage noire, par quelque intonation dans la voix de la mer, ou par quelque chose d'indéfinissable dans le toucher vivant du vent, ou par tout cela ensemble ?... Je ne sais ! Mais lentement se définit en moi la pensée que j'avais vu une côte toute pareille il y a très, très longtemps, je ne saurais dire où, – pendant ces années d'enfance dont peu à peu les souvenirs ne se distinguent plus des rêves...

À Grande-Anse, dès que la nuit tombe, le cadran de l'église s'illumine ; on le voit soudain éclater en un flamboiement jaune, au-dessus des toits et des palmiers, comme un phare. Dans la chambre il m'était impossible de garder une bougie allumée, à cause du vent de la mer. Mais il ne me vint pas à l'esprit de fermer les volets des larges fenêtres ; la brise était trop délicieuse. Elle semblait remplie de quelque chose de vivifiant qui réchauffait le sang, et me pénétrait de contentement et du désir de croire que la vie est pleine de douceur. Je le trouvais aussi soporifique, ce vent pur, sec et chaud. Et il me semblait qu'il n'y avait pas de plus grande joie au monde que de me coucher le soir, toutes les fenêtres grandes ouvertes, d'apercevoir la Croix du Sud, tandis que ce vent marin soufflait sur mon lit, et d'écouter les grondements et les murmures tumultueux des brisants qui résonnaient à mes oreilles en rêvant à cette étrange mer de saphir qui se brise en écume blanche sur une plage de sable noir.

V

Si l'on se rappelle que Grande-Anse est presque vis-à-vis de Saint-Pierre, dont elle est éloignée de moins de vingt milles, même en suivant les sinuosités compliquées de la route nationale, les différences qui existent entre les conditions naturelles des deux villes sont assez frappantes. À Saint-Pierre, personne ne voit le soleil se lever : les montagnes qui se trouvent immédiatement derrière la ville continuent à projeter de l'ombre sur les toits longtemps après que la côte orientale est inondée de lumière et de soleil. À Grande-Anse, d'autre part, les merveilleux couchants, qui enchantent les habitants de la côte occidentale, sont invisibles. Et pendant les jours tropicaux les plus courts, Grande-Anse est enveloppée d'obscurité dès quatre heures et demie, c'est-à-dire presque une heure avant que la lumière orangée a cessé de monter, embrasée, de la mer jusqu'aux rues de Saint-Pierre, puisque la grande chaîne de montagnes surmontée par la Pelée intercepte toute la lumière oblique des vallées orientales. Et, quoique les habitants de Saint-Pierre se lèvent tôt, on est encore plus matinal à Grande-Anse ; on se lève avant que le soleil émerge du rebord de l'Atlantique : vers quatre heures et demie, les portes s'entrouvrent, et dans toutes les maisons le café est servi. À Saint-Pierre on peut prendre un bain de mer jusqu'à sept heures et demie du matin, même à l'époque où le soleil se lève le plus tôt, parce que l'ombre des mornes s'étend encore sur la baie. Mais les baigneurs quittent la plage noire de Grande-Anse dès six heures du matin, car une fois que le soleil est levé, la lumière qui vise directement les yeux est aveuglante. Ensuite, à Saint-Pierre, presque toute l'année il pleut un court moment pendant les vingt-quatre heures ; à Grande-Anse, la pluie est moins violente et plus rare. À Saint-Pierre, l'atmosphère est presque toujours plus ou moins imprégnée de vapeur, et il y règne généralement une chaleur énervante, qui rend tout exercice extrêmement désagréable. À Grande-Anse, le vent chaud qui souffle garde la peau comparativement sèche malgré un exercice violent. Il est rare de voir une mer houleuse à Saint-Pierre, mais il est encore plus rare de voir une mer calme à Grande-Anse...

Un détail amusant : peu de créoles blancs aiment à se

baigner en face de la ville, malgré la plage superbe, et les belles vagues qui sont si tentantes pour qui est habitué à l'eau profonde et calme de la côte de galets de Saint-Pierre. Les créoles préfèrent se baigner dans les rivières, et lorsqu'ils consentent à prendre un bain de mer, ils marcheront ensuite pendant des kilomètres afin de trouver une embouchure de rivière où se doucher dans l'eau fraîche. Ils soutiennent que le sel de mer, en séchant sur la peau, y produit des *boutons-chauds.* Un matin, des amis me menèrent jusqu'à l'embouchure de la rivière Lorrain, afin que je fisse l'expérience d'un de ces bains doubles. Mais, après avoir quitté la mer tiède, j'avoue que le plongeon dans le Lorrain fut une épreuve pénible – un choc glacial, qui me guérit à jamais de l'envie de me baigner dans les rivières. Mais on considéra comme une véritable excentricité l'indifférence avec laquelle je laissais l'eau de mer sécher sur moi.

VI

On peut dire que sur toute cette côte l'océan, qui est toujours agité par le souffle des vents étésiens[1], ne se repose jamais, et ne tait jamais son rugissement. Même dans les rues de Grande-Anse, il faut, par un jour de vent, élever fortement la voix pour se faire entendre ; et puis les brisants arrivent en lignes qui ont plus d'un mille de long, entre la Pointe du Rocher et la Pointe de Séguinau, et chacun de leurs déploiements retentit comme un coup de tonnerre. On ne voyage pas par mer. Tous les grands navires se tiennent bien au large de cette côte dangereuse. On n'y pêche presque pas et bien que la mer soit épaisse de poisson, le poisson frais est un luxe à Grande-Anse. On communique avec Saint-Pierre surtout par la route natio-

1 On traduirait sans doute de nos jours « trade winds » par « alizés ».

nale qui serpente au-dessus des chaînes de montagnes à deux mille pieds d'altitude, et les marchandises sont en général transportées à la ville principale par de jeunes porteuses. La route est si abrupte qu'elle éreinte les chevaux de trait et tue les mules les plus vigoureuses. À une époque les directeurs d'une importante plantation de Grande-Anse essayèrent d'envoyer leur sucre à Saint-Pierre dans des chariots de fer, traînés par cinq mules ; mais les animaux ne purent supporter ce travail. Le cacao est transporté à Saint-Pierre par des porteuses, mais il faut envoyer le sucre et le rhum par mer ou pas du tout. Et les risques et les difficultés qui accompagnent l'embarquement de ces produits affectent sérieusement la prospérité de toute la côte du nord et du nord-est de la Martinique. Certains planteurs ont été ruinés par l'impossibilité dans laquelle ils étaient d'expédier leurs produits au marché pendant un long coup de temps houleux. On a proposé de créer un chemin de fer dont on a même tiré les plans. À une époque plus prospère il eût sans doute déjà été construit, avec le résultat de beaucoup développer toute la côte atlantique de l'île, et de convertir d'obscurs villages en villes florissantes. Le sucre est très difficile à embarquer ; le rhum et le tafia se manipulent avec moins de risques. Et c'est très impressionnant d'assister à Grande-Anse à un embarquement de tafia à destination de Saint-Pierre.

Une petite embarcation s'approche avec infiniment de précaution de la côte, et jette l'ancre dans la baie, à quelques centaines de mètres au-delà des brisants. C'est ce qu'on appelle ici une *pirogue*[1] ; sa coque est longue et étroite, elle a deux mâts et pas de pont. Son équipage se compose généralement de cinq hommes, et elle peut porter trente tonnes[2] de tafia. L'un

1 Omise : la traduction de « but not what is called a pirogue in the US » (« laquelle n'a rien à voir avec ce que l'on appelle par ce nom aux États-Unis »).

2 Dans l'original, il s'agit de trente tonneaux (« barrels ») de tafia.

des marins de la *pirogue* porte une grande conque à ses lèvres, qui émet un son très moelleux et profond, qui résonne par-dessus la rumeur des vagues, loin, loin parmi les collines. Cette conque est un de ces grands coquillages spirales enroulé sur lui-même aux bords dentelés et pèse de sept à huit livres. L'intérieur est d'un rose perlé, et il ressemble à ceux que l'on vend en Amérique pour orner les cheminées ; c'est la coquille d'un *lambi*. Et l'on voit souvent des *lambis* ici qui se traînent, portant sur le dos leur maison nacrée : ce sont d'énormes escargots de mer, au dos jaunâtre, au ventre rosé ; ils ont de grandes cornes et des yeux à l'extrémité de chaque corne, de très jolis yeux aux iris dorés. Le *lambi* est un mets très ordinaire, mais son épaisse chair blanche est presque aussi compacte qu'un cartilage, et il faut la piler avant de la faire cuire[i].

À l'appel de la conque, des chariots descendent à la côte, accompagnés de jeunes gens de couleur qui courent à côté des mules. Chaque chariot décharge un certain nombre de barils de tafia, et simultanément les jeunes gens se dévêtent. Ils sont sveltes, bien bâtis et en général bien musclés. Chaque homme prend un baril de tafia, le pousse devant lui dans les brisants et puis se met à nager vers la pirogue, toujours poussant le baril. Je n'ai jamais vu de nageur essayer de pousser plus d'un baril à la fois, – mais on m'a assuré que certains experts en cet exercice arrivent à diriger trois barils de front, les poussant en avant en un seul rang, le haut d'un tonneau appuyé contre le fond du second. Il faut vraiment déjà beaucoup d'adresse pour manipuler un seul tonneau. À mesure que le nageur s'avance, il reste le plus près possible de son tonneau de façon à pouvoir le pousser en avant de toutes ses forces contre chaque brisant successivement, l'obligeant ainsi à plonger à travers les vagues. Si le tonneau lui échappe, il devient son ennemi, et l'homme doit faire très attention de s'en éloigner, car il risque d'être sérieusement blessé[1] ; mais il est rare qu'un expert abandonne un tonneau. Quand tout va bien, l'homme et le tonneau disparaissent tous deux une vingtaine de fois avant d'atteindre la région des grandes vagues ; après quoi le reste du voyage n'est qu'un jeu. Les marins de la pirogue abaissent des cordes que le nageur fait passer sous le tonneau qui est ensuite hissé à bord.

Ces hommes sont d'étonnants nageurs : ils s'éloignent très loin en mer par simple plaisir par les plus grosses tempêtes alors que les vagues, qui s'enflent anormalement grâce à la conformation singulière de la baie, déferlent en atteignant une hauteur de trente ou quarante pieds. Parfois, par l'impulsion rapide qu'il atteint en remontant une lame, le nageur paraît suspendu dans l'air lorsque la vague passe sous lui, avant qu'il ne replonge dans le creux au delà. Le meilleur nageur de la ville est un jeune câpre qui ne pèse certainement pas plus de cent vingt livres. Il est rare que les hommes soient lourdement bâtis à Grande-Anse ; comme taille et comme musculature, ils ne peuvent se comparer à ces arrimeurs de Saint-Pierre que l'on voit les après-midi à l'embarcadère lever de lourds tonneaux presque à bras[2] tendus.

... La paroisse de Grande-Anse ne possède qu'un bateau, – ce qui s'explique par la houle continuelle de la mer. Ce bateau a un petit mât et une petite voile ; et ne contient que trois hommes. Quand la mer est un peu moins furieuse que d'habitude, un équipage nègre[3] fait sortir la barque pour une expédition de pêche. Cet événement suscite toujours le plus vif intérêt ; une foule s'assemble sur la plage et les nageurs professionnels aident à transporter la petite embarcation au delà des brisants. Lorsque la barque revient après une absence de

---

1 Ce danger existe « if a wave throws it at him or rolls it over him » (si une vague le lance contre lui ou le fait passer au-dessus de lui).

2 Le traducteur n'a pas traduit « swarthy », qui signifie « basané ».

3 Hearn qualifie l'équipage de « colored » (« de couleur »).

plusieurs heures, tout le monde accourt à sa rencontre. Les jeunes femmes de couleur retroussent leurs robes autour de leurs hanches, et s'avancent au-devant du bateau dans la mer : en pareilles circonstances on assiste à une exhibition de jambes de toutes couleurs, qui n'est pas sans grâce, de cette grâce instinctive qui tente l'artiste. Toutes les bonnes, toutes les ménagères s'efforcent d'être les premières à acheter le poisson ; jeunes filles et enfants dansent de joie dans l'eau en criant tous ensemble : *Rhalé bois-canot !...* Puis, pendant qu'on tire le canot à travers le ressac et qu'on le hisse sur la plage, les cris, les pleurs et les bousculades deviennent irritants et assourdissants ; les pêcheurs perdent patience et profèrent des paroles terribles. Mais personne n'y prend garde au milieu de la clameur générale des marchandages et des offres pour le *pouèsson-ououge,* les dorades, les *volants* (grands poissons volants pourpres[1], aux panses d'argent et aux nageoires transparentes comme des ailes de libellules). Un vif marchandage s'engage même au sujet d'un jeune requin, dont la chair préparée à la mode créole est très agréable à manger. Les pêcheurs s'aventurent si rarement au large, que chaque expédition devient un événement mémorable pour le village.

Les pêcheurs de Saint-Pierre ne s'approchent que très rarement de la baie, mais ils pêchent beaucoup à quelques milles plus loin, presque en face de la pointe du Rochet et de la Roche à Bourgaut. C'est là où l'on attrape les meilleurs poissons volants, et en plus des poissons comestibles, leurs filets ramènent souvent des choses étranges, des monstruosités telles que le poisson *coffre,* qui a presque la forme d'une boîte dont le couvercle est représenté par la conformation extraordinaire des mâchoires, la *barrique-de-vin,* au corps rond et désossé, qui sécrète dans une vésicule curieuse une liqueur couleur de lie de vin, *l'aiguille-de-mer,* moins épaisse qu'un crayon mais deux

1 Voir *supra* à la page 32, la note 1.

fois plus longue, et des seiches gigantesques et des anguilles prodigieuses. Un congre attrapé près de cette côte mesurait plus de vingt pieds de long, et pesait deux cent cinquante livres : c'était un vrai serpent de mer.

Mais à Grande-Anse même les poissons d'eau douce sont surprenants. J'ai vu des écrevisses qui avaient cinquante centimètres de long, et pourtant on ne les considérait pas remarquables. Certaines, dit-on, dépassent deux pieds de la queue à l'extrémité des pinces. Elles sont d'un noir de fer et leurs pinces formidables, ornées de dents et de pointes qui convergent intérieurement ; elles ne peuvent pas écraser comme les pinces de homard, mais elles tranchent la chair et infligent une mauvaise petite blessure. Celui qui ne connaît pas les écrevisses de ces régions peut à peine croire, à première vue, qu'il n'est pas en présence d'une variété monstre de homard, au lieu de l'écrevisse ordinaire d'eau douce de la côte orientale. Après lui avoir enlevé la tête, la queue, les pattes et la cuirasse, l'écrevisse est encore aussi grande qu'une saucisse de porc. On prend ces créatures à la lueur de lanternes. Les seuls appâts sont des morceaux de racine de manioc attachés à de grandes pierres enfoncées dans la rivière. Par les nuits sombres les écrevisses arri vent en troupes pour les manger ; on les attrape alors avec des éprouvettes et on les jette dans des paniers à couvercles.

VII

Celui qui n'a formé ses idées sur les habitants de Grande-Anse qu'en observant les jeunes porteuses de la région se dirigeant vers le côté opposé de l'île s'attendrait peut-être, en arrivant dans ce petit bourg, à ce que sa population soit aussi jaune que celle d'une ville chinoise. Mais le ton dominant est beaucoup plus sombre, bien que l'on distingue partout l'élément métis ; et je fus tout d'abord surpris par la rareté de ces teints clairs que je croyais si nombreux. Quelques jolis enfants, dont deux jumelles, et peut-être une douzaine d'écolières de huit à dix ans accusaient les mêmes caractéristiques que j'avais remarquées chez les porteuses adultes de Grande-Anse. Mais, dans la ville elle-même, cet élément plus clair est en minorité. La race qui prédomine dans toute la commune est certainement de couleur, – (Grande-Anse est du reste connue pour la révolte de ses hommes de couleur qui eut lieu il y a environ un demi-siècle) ; mais la population de couleur n'est pas concentrée dans la ville ; elle appartient plutôt aux vallées et aux collines qui avoisinent le chef-lieu. La plupart des porteuses sont des campagnardes, et j'ai remarqué que l'on voit rarement dans les rues celles qui vivent dans le village, sauf lorsqu'elles partent en voyage ou à leur retour. Pourtant l'artiste qui désire étudier ce type n'a qu'à passer une journée près du pont de la rivière Falaise, car toutes les porteuses y passent à certaines heures, matin et soir. La meilleure occasion de voir ce que mon ami le boulanger appelle la « belle jeunesse » est un jour de première communion. Ce jour-là l'évêque se rend en voiture à Grande-Anse, par-dessus les montagnes, et toute la population sort en vêtements de gala ; – les cloches sonnent comme des tamtams, et des arcs-de-triomphe, un peu imparfaits, traversent la route portant en lettres grossières l'accueil : « *Vive Monseigneur !* » La longue procession de jeunes communiantes, toutes en robes blanches avec des voiles blancs et des souliers de satin blanc, vous surprend par son importance. C'est aussi une surprise morale, du moins pour l'étranger, car elle révèle la lutte entre une pauvreté extrême et les obligations volontaires d'un cérémonial coûteux.

Aucun enfant blanc n'apparaît jamais dans ces processions ; il n'y a pas une douzaine de familles blanches dans toute la population urbaine de sept mille âmes ; et ces quelques familles envoient leurs fils et leurs filles à Saint-Pierre ou à Morne-Rouge pour leur éducation et leur enseignement religieux. Mais beaucoup de ces enfants de couleur sont très charmants dans leur costume de première communion ; vous reconnaîtrez difficilement parmi elles la petite bonne qui vous apporte votre café le matin ou la fille du commandeur de la plantation, mince fillette brune qui, sans doute, ne portera plus jamais de souliers. Et beaucoup de ces voiles et de ces souliers blancs n'ont été obtenus que grâce au travail acharné et aux sacrifices inouïs des parents, pères, frères et mères, qui travaillent avec le coutelas et la houe parmi les cannes à sucre où se glisse le serpent, – et sœurs qui vont pieds nus tous les jours jusqu'à Saint-Pierre et retour, pour gagner quelques francs par mois.

... En regardant la procession, il me semblait que je parvenais à distinguer dans les traits et les silhouettes des jeunes communiantes quelques indices d'un type et d'un teint prédominants, et je demandai à un vieux planteur à mes côtés si mes impressions étaient exactes.

– En partie, me répondit-il. On a constaté certainement ici une tendance vers un type physique attrayant, mais la tendance elle-même est moins stable que vous ne l'imaginez ; elle a changé à mon souvenir dans les derniers vingt ans. Dans différentes parties de l'île, des types différents apparaissent et disparaissent d'une génération à l'autre. Il existe une espèce de fermentation de race, qui ne donne aucun résultat positif pour un temps très long. Il est vrai que certains éléments continuent à dominer dans certaines communes, mais les caractéristiques particulières apparaissent et disparaissent de la façon la plus mystérieuse. Quant à la couleur, je doute qu'une classification correcte puisse en être faite, surtout par un étranger. Vos yeux vous fournissent des idées générales sur un type rouge, un type jaune ou un type brun. Mais pour les yeux plus exercés du créole, accoutumé à vivre dans les régions de campagne, chaque individu de la race-mêlée semble avoir une couleur particulière bien à lui. Prenez, par exemple, le type câpre, qui donne les plus beaux spécimens physiques ; comme étranger vous êtes tout de suite frappé par le teint rouge qui est particulier à cette variété ; mais vous n'en remarquez pas les variations qui sont beaucoup plus difficiles à observer que les nuances de tons jaunes-bruns. Or, pour moi, chaque câpresse possède une couleur individuelle, et je ne crois pas qu'il y ait dans toute la Martinique deux métis, nés de parents différents, chez qui le teint soit précisément le même.

VIII

Grande-Anse me parut l'endroit le plus endormi que j'eusse jamais visité. Je crois que c'est un des endroits les plus somnolents de la terre. Le vent qui hâle même un créole de Saint-Pierre, quarante-huit heures après son arrivée, a un effet particulièrement soporifique. Dès l'instant où l'on est inoccupé et où l'on s'aventure à demeurer assis le vent dans la figure, le sommeil vous gagne : et toute personne qui le peut fait une longue sieste l'après-midi, et plusieurs petits sommes d'heure en heure. Mais, malgré tout, la chaleur de la côte orientale de la Martinique n'est point énervante comme celle de Saint-Pierre ; on peut prendre beaucoup d'exercice en plein soleil sans ressentir d'inconvénients. Les excursions de chasse, de pêche, – la nage et les visites aux plantations voisines sont les seules distractions, mais elles suffisent pour rendre la vie à Grande-Anse très agréable. La journée la plus intéressante de mon séjour fut celle que je passai dans une des anciennes propriétés coloniales situées sur les collines dominant le village.

Il n'est pas facile de décrire le charme d'un intérieur créole, soit de la ville ou de la campagne : cour fraîche et ombragée avec ses plantes merveilleuses et sa fontaine d'eau étincelante des montagnes, l'accueil délicieux de l'hôte, dont les manières fraternelles et aisées vous donnent tout de suite l'impression d'être chez vous, les enfants qui viennent vous saluer, vous tendant chacun une joue brune et veloutée à embrasser selon la coutume d'autrefois, – l'agrément[1] de la conversation imprévue[2], tout en sirotant une boisson fraîche sous les palmiers et les ceibas, – le désir évident que tout le monde témoigne de faire plaisir à leur invité, de l'envelopper dans un atmosphère de contentement tranquille, tout cela se combine pour créer un souvenir que vous n'oublierez jamais. Et peut-être jouirez-vous de toutes ces impressions dans un site incomparable sur un sommet volcanique dominant les pentes de cent collines vertes[3], d'où vous verrez les montagnes se déployer au loin en des ombres bleues et perlées, les rivières couler en chantant vers la mer derrière des rideaux de roseaux arborescents et de bambous, et peut-être, à l'horizon, la montagne Pelée rêvant des rêves violets sous son foulard de vapeurs, et, encerclant le tout, la tranquille étendue azurée de l'océan fléchissant vers les confins du jour.

Mon hôte m'expliqua et me montra tout ce qu'il croyait avoir un intérêt quelconque pour un étranger. Il me fit apporter un nid de *carouge*, oiseau qui suspend sa demeure comme un hamac sous les feuilles du bananier ; il me montra un petit *fer-de-lance* qu'un de ses laboureurs venait de tuer ; et un lézard des champs (en créole *zanoli-té)* non pas vert comme les lézards qui hantent les toits de Saint-Pierre, mais d'un beau brun-bronzé aux teintes changeantes ; et des œufs de *zanoli*, petites choses ovales très douces, d'où les petits lézards sortent tout vivants à mesure qu'on ouvre les coquilles ; et le

---

1 Ce terme ne traduit pas tout à fait le mot « romance » dans le texte original.

2 Il conviendrait mieux peut-être de traduire « unconventional » par « inconventionnel » ou « spontané ».

3 L'impression de variété chromatique communiqué par l'expression « slopes of a hundred greens » (des pentes d'une centaine de verts différents) est perdue dans la traduction.

matoutou-falaise, ou araignée des falaises qui, adulte, est rouge ou presque noir, mais d'un ton d'argent bleuté quand elle est jeune ; et aussi le *crabe-c'est-ma-faute,* qui porte ses pinces, dont une est très petite et l'autre très grande, repliées contre lui, de façon à évoquer l'idée d'un pénitent qui se frappe le sein en prononçant les paroles sacramentelles de la confession catholique : – « Par ma faute, par ma faute, par ma très grande faute ! »...

Je n'arrive pas à me rappeler la moitié de tous les reptiles, les oiseaux, les insectes et les plantes bizarres auxquels mon attention fut attirée. Mais parlant des plantes, je fus surtout frappé par la profusion du *zhèbe-moin-misé,* petite plante sensitive que j'avais rarement vue sur la côte orientale. Sur les collines de Grande-Anse, elle croît en telle profusion qu'elle donne à certaines plantes sa propre couleur peu particulière[1] d'un vert brun. Elle a des feuilles à nombreux rameaux d'un pouce et demi à deux pouces de longueur, qui rappellent la forme de certaines fougères ordinaires, et celles-ci traînent à plat sur le sol. Elles se replient au moindre contact, et la plante se fait ainsi invisible. Elle semble si vivante que l'on se sent coupable d'un meurtre si on brise une seule de ses feuilles. Elle s'appelle *Zhèbe-moin-misé* ou *Plante-me-suis-je-amusé* parce qu'elle dit aux petits enfants désobéissants qui font l'école buissonnière, ou qui tardent trop à faire une commission, s'ils méritent le fouet ou non ! L'enfant fautif touche la plante en disant: « *Ess moin amusé moin ?* » (Me suis-je amusé ?) Si la plante se replie immédiatement, cela veut dire: « Oui, tu t'es amusé ! » Bien entendu, les feuilles se referment invariablement. Mais je les soupçonne fort de dire aussi invariablement la vérité, car tous les petits enfants créoles[2], à Grande-Anse du

1 Contresens, car pour Hearn cette couleur est justement « peculiar » (donc bien particulier).

2 Dans l'original, les enfants sont « colored », donc « de couleur ».

moins, sont beaucoup plus portés vers le jeu que vers le travail.

L'aimable vieux planteur me fit faire le tour du propriétaire. Il me fit visiter le moulin-à-sucre, et me montra, parmi d'autres inventions plus récentes, certaines machines construites il y a près de deux siècles par le terrible et ingénieux Père Labat, et qui sont encore très utilisables malgré tous les progrès modernes apportés à la fabrication du sucre. Il me fit voir la *rhumerie* ou distillerie, et me fit goûter du rhum incolore qui avait l'arôme et presque le goût du genièvre le plus délicat. Enfin il me mena aux *cases-à-vent* qui servent de refuges pendant les ouragans. Les ouragans sont plus rares de nos jours que dans le siècle précédent ; mais cette partie de l'île est particulièrement exposée, et presque toutes les anciennes plantations étaient pourvues d'une ou deux *cases-à-vent.* Elles étaient toujours bâties dans une excavation naturelle ou artificielle au-dessous du niveau du sol, avec des murs de pierre de plusieurs pieds d'épaisseur et des portes extrêmement solides : elles n'avaient pas de fenêtres. Mon hôte me conta les aventures subies par sa famille dans une *case-à-vent* pendant un ouragan dont il se souvenait. On fut obligé de consolider la porte avec des câbles solides : et douze hommes vigoureux durent employer toute leur force pour la maintenir fermée. Elle s'enflait sous la pression de ce vent redoutable, se gonflant comme le flanc d'un tonneau, et si elle n'avait pas été construite d'un bois dur comme du noyer, elle aurait été brisée par le souffle du vent furieux.

Je désirais depuis longtemps examiner un tambour de plantation et le voir jouer en d'autres circonstances qu'une *caleinda* de village, qui se termine trop souvent par un *voum* (bagarre générale) ou par un *goumage* (bataille) ; et lorsque je fis part de ce désir à mon ami le planteur, il fit prévenir son commandeur, qui était le joueur de tambour le plus adroit de la plantation, de venir jusqu'à la maison et d'apporter son instrument. Je pus ainsi faire d'intéressantes observations et prendre également une photographie du tambour dans l'acte même d'être joué.

Les anciennes danses africaines, la *caleinda* et la *bélé* (cette dernière étant accompagnée d'une improvisation chantée) se dansent le dimanche au son du tambour dans presque toutes les plantations de l'île. Les paysans sont même tellement attachés au tambour, qu'ils se servent de son nom comme de juron : – *tambou* ! C'est l'exclamation que l'on entend en toute occasion ordinaire de surprise ou d'ennui. Mais l'instrument s'appelle aussi souvent un *ka*, parce qu'on le fait d'un quart de tonneau, en patois *ka*. Les deux extrémités du tonneau ayant été enlevés, on fixe sur une des extrémités une peau mouillée bien tendue et une paire de cerceaux ; en séchant, la peau ainsi tendue prend une tension encore plus grande. L'autre bout du tonneau demeure toujours ouvert. Sur la face du *ka*, on tend une corde à laquelle sont attachés, à environ un pouce d'intervalle, de très minces et courts fragments de bambous, ou des tuyaux de plumes tendus qui prêtent une certaine variété aux tons.

Du temps du Père Labat, les tambours nègres étaient d'une forme un peu différente. Il y avait alors deux sortes de tambours, un grand et un petit que l'on jouait ensemble. Tous deux se composaient de peaux tendues sur une des extrémités d'un cylindre de bois ou sur une section de tronc d'arbre creux. Le plus grand avait de trois à quatre pieds de long et quinze ou seize pouces de diamètre ; le plus petit, appelé *bamboula*[ii], n'avait que huit à neuf pouces de diamètre, mais il était de la même longueur. Le Père Labat parle aussi dans ses voyages aux Antilles d'un autre instrument de musique très apprécié parmi les esclaves martiniquais de son époque, une espèce de guitare faite d'une demi-calebasse ou couï, et recouvert d'une peau quelconque ; cet instrument avait un très long manche et quatre cordes de soie ou de boyaux. Le souvenir de cet instrument africain survit, dit-on, dans le *banza* moderne (*banza nèg Guinée*).

Nu jusqu'à la ceinture, l'habile joueur de tambour chevauche son instrument, et joue simultanément des deux mains, en prenant soin que la corde vibrante soit horizontale. Parfois il appuie le talon soit légèrement soit plus fort contre la peau, de façon à produire des changements de ton. On appelle cela donner du talon au tambour, – *baill y talon.* Cependant un petit garçon ne cesse de frapper l'extrémité découverte du tambour avec un bâton, de façon à produire un accompagnement sec et retentissant. Le bruit du tambour lui-même, bien joué, exerce un pouvoir farouche qui produit et domine toute l'exaltation de la danse ; c'est un roulement double et compliqué qui s'élève et retombe d'une façon très particulière. Les onomatopées créoles, *b'lip-b'lib-b'lib-b'lip,* ne rendent pas exactement ce roulement, car chaque *b'lib* ou *b'lip* représente vraiment une série de sons qui se succèdent trop rapidement pour être imités par un langage articulé. Le battement d'un *ka* s'entend à de très grandes distances, et des joueurs habiles en jouent parfois pendant de longues heures de suite, sans témoigner de fatigue et sans diminuer aucunement le volume de son qu'ils produisent.

Il y a, paraît-il, plusieurs façons de jouer, des rythmes différents familiers à tous ces gens de couleur, mais que les étrangers ne distinguent qu'avec peine. Et il y a parfois de grands concours entre des *tambouyés* célèbres. Le même commandeur que j'ai photographié me raconta qu'il avait une fois pris part à un concours de ce genre, – son rival étant un *tambouyé* de Marigot du bourg voisin...

– Aïe, aïe, yaïe, mon ché ! – y fai tambou – à pàle ! me dit-il, en décrivant le jeu de son adversaire: « Mon cher, il fit parler ce tambour ! J'ai cru que j'allais sûrement être battu ! Je tremblais tout le temps, – *aïe, yaïe, yaïe* ! Puis il descendit du *ka*. J'y montai. Je réfléchis un instant, et puis j'attaquai « La rivière du Lézard », *mais, mon ché, yon larivié Léza toutt pi !* Une rivière du Lézard toute pure ! Je donnai du talon au *ka* ; je le tourmentai ; je l'affolai ; je le fis parler ; j'ai gagné !... »

Pendant certaines danses une espèce de chant accompagne la musique, un long cri sonore, poussé à des intervalles de sept à huit secondes, qui rythme parfaitement une mesure particulière du roulement du tambour. C'est parfois le refrain d'une chanson ou bien une simple improvisation :

Oh ! yoïe-yoïe !
[Roulement de tambour.]
Oh ! missié-à !
[Roulement de tambour.]
Y bel tambouyé !
[Roulement de tambour.]
Aïe, ya, yaïe !
[Roulement de tambour]
Joli tambouyé !
[Roulement de tambour]
Chauffé tambou-à !
[Roulement de tambour]
Géné tambou-à !
[Roulement de tambour]
Grazé tambou-à ! etc., etc.

Le crieur ou chanteur est aussi le meneur de la danse. La *caleinda* ne se danse que par des hommes tous nus jusqu'à la ceinture et qui font tourbillonner de lourds bâtons en une mimique de combat. Parfois cependant, surtout aux grandes réunions de village, alors que le sang s'échauffe après des libations de tafia, cette imitation de bataille dégénère en un véritable combat. Et alors les coutelas entrent en jeu.

Mais, dans les jours passés, les improvisations qui donnèrent leur nom à une forme de danse, *bélé* (du français bel air), étaient souvent des poésies en vers libres, dites avec une émotion simple et naturelle, pleines d'images pittoresques. J'en cite une, qui me fut dictée par un simple laboureur près de

Fort-de-France. Je vous donne d'abord quelques-uns des vers créoles, pour indiquer la forme de l'improvisation. Il y a une pause au bout de chaque vers pendant laquelle on danse :

Toutt fois lanmou vini lacase moin,
Pou pàlé moin, moin ka réponne :
« Khé moin déjà placé ».
Moin ka crié: « Sécou ! Les voisinages ! »
Moin ka crié: « Sécou ! la gàde royale ! »
Moin ka crié: « Sécou ! la gendàmerie !
Lanmou pouend yon poignâ pou poignadé moin ! »

Chaque fois que l'Amour vient à ma case
Pour me parler d'amour, je lui réponds :
Mon cœur est déjà placé.
Je crie: « Au secours ! les voisins! »
Je crie: « Au secours ! la Garde Royale ! »
Je crie: « Au secours ! la Gendarmerie !
L'amour prend un poignard pour me frapper ! »
Comment l'amour peut-il avoir un cœur aussi dur
Pour me voler ainsi ma santé ?
Lorsque l'officier de paix vient
M'entendre lui dire la vérité,
Pour qu'il arrête mon amour ;
Quand je vois la Garde Royale
Qui vient arrêter mon bien-aimé,
Je me prosterne aux pieds de la Garde Royale,
Je supplie miséricorde et pardon.
« Arrêtez-moi, mais relâchez mon doux amour ! »
Hélas ! comment mon tendre cœur
Supportera-t-il de voir cette arrestation ?
Non ! Non ! Je préfère mourir !
Ne te rappelles-tu pas quand nos oreillers étaient tout près l'un de l'autre,

Comme nous disions tout ce que pensaient nos cœurs ?

Les étoiles brillaient lorsque je pris congé de mon hôte ; il dit à son domestique nègre de m'accompagner avec une lanterne afin d'éviter des rencontres possibles avec des serpents dans le sentier de montagne.

IX

... Assurément la ville de Saint-Pierre n'a jamais paru d'une beauté plus bizarre que lorsque je l'aperçus le soir de mon retour, alors que les ombres s'allongeaient et que la mer et le ciel prenaient des tons de lilas. Les têtes de palmiers frissonnaient, et les mâts se balançaient lentement contre un énorme coucher de soleil orange, et pourtant la beauté de ce spectacle ne m'émut point. L'étendue profonde de l'eau lumineuse de la baie me fit, pour la première fois, l'effet d'une eau morte. Je me demandais si cette eau faisait vraiment partie de cette marée vivante près de laquelle j'avais vécu, pleine d'éclairs, d'écume et de tonnerre perpétuel. Je me demandais si l'air qui m'environnait, – lourd et chaud et plein de fades[1] odeurs végétales – avait jamais été touché par la vaste haleine pure du vent du levant. Et je fus conscient d'éprouver un regret profond, irraisonné et absurde pour le somnolent petit village noir de l'aride côte de l'est, – où il n'y a ni bois ni barques, ni couchers de soleil, – où il n'y a que l'océan qui rugit éternellement sur sa plage de sable noir.

1 Le terme « légères » traduirait mieux le qualificatif (non péjoratif) « faint » (« faint leafy smells »).

Joueur du « ka »

UN REVENANT

I

Celui qui donna le premier à la Martinique le surnom poétique de *Pays des Revenants* songea à sa belle patrie comme au pays où l'on revient, où le charme indescriptible de la Nature ensorcelle les âmes errantes comme la caresse d'une brise[1], – mais il n'y songea jamais comme au pays des Fantômes. Pourtant cette Martinique merveilleuse est en vérité le pays des Fantômes. Presque toutes les plantations possèdent leurs esprits familiers, leurs fantômes. Certains sont peut-être inconnus au delà de la région particulière où l'imagination les a créés pour la première fois ; mais d'autres appartiennent aux chansons et aux contes populaires, à la vie imaginative de tout le peuple.

Presque tous les promontoires, tous les pics, tous les villages, toutes les vallées, le long de la côte, possèdent leur *folklore* particulier, leurs traditions particulières. La légende de Thomasseau de Perinnelle, dont le corps fut enlevé du cercueil et emporté par le diable par certaine fenêtre[2] que nulle force humaine n'a pu refermer depuis, – la légende de Demarche, du cavalier fantôme, qui, par les belles journées torrides, gravit la colline à la recherche d'un ami enterré depuis plus d'un siècle ; – la légende de l'Abbé Piot, qui maudit la mer de la malédiction de l'agitation perpétuelle ; – la légende d'Aimée Derivery de

1 Omise, la traduction de « of a Circe », ou « d'une Circé », omission qui prive la brise de sa dangereuse capacité séductrice.

2 Il est précisé dans l'original qu'il s'agissait de la fenêtre d'une maison de plantation, dite « grande case » aux Antilles (« of the plantation-house »).

Robert, capturée par les pirates de Barbarie, et qui, vendue par eux, devint une Sultane Validé – (elle n'a jamais existé, bien que son portrait se trouve dans l'histoire de la Martinique par M. Sidney Daney[1]) : toutes ces histoires et bien d'autres encore vous seront contées pendant le voyage de Saint-Pierre à Fort-de-France, ou de Lamentin à la Trinité, à mesure que l'apparition de quelque pic ou d'une anse qui s'ouvre soudain à l'approche du navire les rappelle au souvenir de votre compagnon créole.

Et de nouvelles légendes naissent encore, même de nos jours. Car dans cette colonie éloignée, vers laquelle toute immigration blanche a cessé depuis longtemps, dans ce pays si montagneux que les gens naissent et meurent dans la même vallée sans jamais voir les villes situées seulement à quelques heures de distance de leurs collines natives, et que des types de races tout à fait distinctes se forment à trois lieues les uns des autres, – le souvenir d'un nom ou d'un événement ayant eu assez d'influence pour se répercuter à travers les quarante-neuf milles de pics et de cratères, est bien apte à créer des légendes en une seule génération. Nulle part au monde, peut-être, l'imagination populaire n'est plus étrangement naïve et superstitieuse. Nulle part les faits sont-ils plus volontiers exagérés ou dénaturés de façon à les rendre parfaitement méconnaissables. Et les formes de toute légende créée ainsi se spécialisent encore dans chaque différente localité où elle est située. En retraçant telle légende ou telle tradition jusqu'à sa source primitive, on est abasourdi par la variété des métamorphoses que le fait le plus simple a pu subir dans l'imagination enfantine de ce peuple.

---

1 Sidney Daney, *Histoire de la Martinique depuis la colonisation jusqu'en 1815* (3 tomes), Fort-de-France : 1846 (réédition, Société d'histoire de la Martinique, 1963)

Je fis cette observation pour la première fois en entendant l'histoire remarquable de *Missié Bon.* Aucune expression légendaire n'est plus répandue à la Martinique que celle-ci : – *temps coudvent Missié Bon* (au temps du coup de vent de Monsieur Bon). Chaque fois qu'un ouragan menace, on entend les indigènes[1] souhaiter que ce ne soit pas comme le *coudvent Missié Bon.* Et il y a quelques années de cela, dans tous les tribunaux de police créole, les vieux témoins de couleur, qui ne savaient pas dire leur âge, essayaient invariablement d'en donner une idée au magistrat en faisant allusion au temps à jamais mémorable du *coudvent Missié Bon.*

– *Temps coudvent Missié Bon moin té ka tété enco* (Au temps du coup de vent de Monsieur Bon je tétais encore) .

– *Temps coudvent Missié Bon, moin té toutt piti manmaille, moin ka souvini y pouend caïe manman moin poté allé* (Au temps du coup de vent de Monsieur Bon, j'étais un marmot, mais je me souviens que ça a emporté la case à Maman).

Et les magistrats d'alors savaient la date exacte du *coudvent.*

Cependant voici tout ce que j'ai pu apprendre sur *Missié Bon* : c'était un négrier et un maître très dur. C'était un très mauvais homme. Et il traita ses nègres de façon si cruelle, qu'un jour le *Bon-Dié* envoya un grand vent qui emporta *Missié Bon* et la maison de *Missié Bon,* et tout le monde qui s'y trouvait. Et personne n'entendit plus jamais parler de *Missié Bon.*

Ce ne fut qu'après des longues recherches que je réussis enfin à trouver quelqu'un qui pût me donner quelques détails précis à propos de l'aventure de *Missié Bon.* Celui qui me renseigna était un vieillard charmant, qui représentait à

1 Dans l'original, il s'agit de « colored folk » (« les gens de couleur »). De toute façon, le terme « indigène » n'est pas très heureux, étant donné que les véritables indigènes des la Martinique seraient plutôt des Indiens depuis longtemps disparus.

Saint-Pierre une société new-yorkaise, et qui s'intéressait plus à l'histoire de son île natale que les créoles ne le font en général. Il se mit à rire de la légende que j'avais dénichée, mais il m'assura qu'il me serait facile de la retracer, avec de légères variantes, à travers tous les cantons de la Martinique.

– Et maintenant, ajouta-t-il, je vais vous raconter la véritable histoire de *Missié Bon,* car il était l'ami intime de mon grand-père, – et mon grand-père m'en a souvent parlé.

« C'était vers l'année 1809 ; je vous dirai la date exacte si vous y tenez en consultant de vieux documents. M. Bon était le percepteur des douanes à Saint-Pierre et mon grand-père avait sa maison de commerce dans la Grande-Rue. Un capitaine, dont le navire avait été consigné à mon grand-père, invita celui-ci et le percepteur à déjeuner à bord. Mon grand-père était si occupé par ses affaires qu'il dut refuser l'invitation ; mais M. Bon accompagna le capitaine à bord du bateau.

« Il faisait une matinée comme celle d'aujourd'hui ; la mer était tout aussi bleue, et le ciel tout aussi clair. Mais tout à coup, tandis qu'ils déjeunaient, la mer devint très houleuse, bien qu'il n'y eût pas de vent ; – des nuages s'assemblèrent avec tous les signes d'un ouragan. Le capitaine dut sacrifier son ancre ; il n'eut pas même le temps de débarquer son invité ; il hissa le grand foc et le perroquet, et fit voile vers le large, emmenant M. Bon avec lui. L'ouragan se déchaîna et depuis ce jour on n'entendit plus parler du navire, ni du capitaine, ni de M. Bon.

– Et M. Bon, avait-il jamais fait quoi que ce fût pour mériter la réputation dont il jouit parmi les indigènes ? demandai-je.

– Ah ! le pauvre vieux corps ! C'était une bonne âme qui n'a jamais dit un mot dur à personne ; timide, bon enfant, – et vieux jeu même pour ce temps-là ! Et il n'a jamais possédé d'esclaves !

II

La légende de *Missié Bon* m'avait préparé à écouter sans sourciller les détails d'une tradition encore plus singulière : la tradition du Père Labat.

Je revenais avec mon guide d'une promenade parmi les montagnes par la route d'Ajoupa-Bouillon. Le soleil s'était couché ; il n'y avait plus qu'un flamboiement rouge-sang à l'occident, contre lequel les silhouettes des collines prenaient un ton noir velouté d'une douceur indescriptible. Et les étoiles s'étaient mises à scintiller un peu partout, trouant le violet. Tout à coup je remarquai sur le flanc d'un morne voisin, – dans le jour une désolation apparemment inhabitée de bambous, de fougères et de balisiers, – un lumineux point jaune qui se déplaçait rapidement.

Mon guide l'avait remarqué en même temps que moi, car il se signa et s'écria :

– *Moin ka coué c'est fanal Pé Labatt !* (Je crois que c'est la lanterne du Père Labat.)

– Il est donc là-haut ? demandai-je innocemment.

– S'il est là-haut ? Mais il est mort depuis des centaines d'années... ! *Ouill !* Vous n'avez jamais entendu parler du Père Labat ?

– Ce n'est pas celui qui a écrit un livre sur la Martinique[1] ?

---

1 Jean-Baptiste Labat, *Voyage aux Isles. Chronique aventureuse des Caraïbes 1693–1705* (extraits), éd. Michel Le Bris, Paris : Phébus, 1993. (*Nouveau voyage aux isles de l'Amérique, contenant l'histoire naturelle de ces pays, l'origine, les mœurs, la religion & le gouvernement des habitans anciens et modernes, les guerres et les événemens singuliers qui y sont arrivéz pendant le long séjour que l'Auteur y a fait*, Paris : Delespine, 1742).

– Lui-même !... On raconte qu'il revient la nuit. Mais demandez à maman de vous raconter son histoire. Elle la connaît.

Dès que nous fûmes rentrés j'interrogeai la vieille Théréza. Elle me dit qu'elle savait tout sur le *Pé Labatt.* Je découvris que le Père avait laissé une réputation bien plus étendue encore que celle de *Missié Bon,* et que son souvenir avait créé la légende la plus impressionnante du *folklore* martiniquais.

– Je ne sais si vous avez vraiment vu la lanterne du Père Labat, me dit la vieille Théréza. On aperçoit beaucoup de lueurs étranges après la tombée de la nuit parmi les mornes. Certaines sont des feux de *zombis ;* d'autres sont des lanternes que portent des vivants ; d'autres encore sont des lumières brillant dans des ajoupas perchés si haut dans la montagne qu'on n'aperçoit qu'un reflet de temps à autre parmi les arbres. Ce n'est pas tout le monde qui perçoit la lanterne du *Pé Labatt,* et quand on la voit, ça ne présage pas bonne chance !

Le *Pé Labatt* était un prêtre qui vécut ici il y a des centaines d'années, et il écrivit un livre sur ce qu'il a vu. C'est lui qui, le premier, a introduit l'esclavage à la Martinique : et l'on dit que c'est pourquoi il revient la nuit. C'est la pénitence qui lui est imposée pour avoir établi l'esclavage dans l'île.

On disait avant 1848 que, lorsque l'esclavage serait aboli, on ne verrait plus la lanterne du *Pé Labatt.* Mais je me souviens très bien de l'abolition de l'esclavage, et j'ai revu la lueur bien des fois depuis. Toutes les nuits claires elle gravissait le Morne d'Orange ; je la voyais très bien de ma fenêtre quand j'habitais Saint-Pierre. On savait que c'était le *Pé Labatt,* parce que la lumière montait jusqu'à des hauteurs où nul homme ne pouvait s'aventurer. Mais depuis que la statue de Notre-Dame de la Garde a été placée sur le Morne d'Orange, on me dit qu'on n'y voit plus la lumière.

Mais on la voit ailleurs, et elle porte malheur. Tout le monde a peur de l'apercevoir... Et les mères disent à leurs petits enfants lorsqu'ils ne sont pas sages : *Mi ! moin ké faî Pé Labatt vini pouend ou, oui !* » (Je vais dire au Père Labat de venir t'emmener.)

Je savais qu'il était inutile d'approfondir davantage l'affirmation de la vieille Théréza qui disait que l'esclavage avait été établi à la Martinique par le Père Labat. Car l'esclavage était déjà une industrie florissante au temps du Père Dutertre, autre Dominicain missionnaire et historien, qui écrivit son livre – un livre étrange en vieux français[1], – bien avant que Labat fût né. Mais j'eus vite fait de m'assurer que telle était la croyance générale sur le péché et la pénitence du Père Labat, et que son nom sert vraiment à effrayer les petits enfants méchants. *Eh ! ti manmaille-là, moin kè faî Pé Labatt vini pouend ou !* – est une exclamation que l'on entend souvent dans le voisinage des ajoupas, à l'heure où tous les petits enfants sages devraient être au lit, en train de faire dodo !

... J'entendis la première variante de cette légende sur une plantation près d'Ajoupa-Bouillon. Là on me dit que le *Pé Labatt* était mort de la morsure d'un serpent, le plus grand qu'on eût jamais vu à la Martinique. Le Père Labat avait cru possible d'exterminer le fer-de-lance, et il avait même adopté des moyens extraordinaires pour en assurer la destruction. En recevant la piqûre qui devait être mortelle, il s'écria : *C'est pé toutt sépent qui té ka modé moin !* (C'est le père de tous les serpents qui m'a mordu !)

Il fit alors le vœu de revenir pour détruire ces reptiles, et il déclara qu'il hanterait l'île jusqu'à ce qu'il n'y eût plus aucun serpent. Et la lumière qui tremblote la nuit autour des pics est bien celle de la lanterne du Père Labat qui chasse encore les serpents.

– *Ou pà pè suivi ti limié-là piess,* continua mon interlocuteur. (Il est impossible de suivre cette petite lumière-là !) Lorsque vous l'apercevez tout d'abord, elle n'est qu'à un kilomètre de distance. L'instant après elle s'éloigne à deux, trois et même quatre kilomètres.

On me dit que l'on aperçoit souvent la lumière près de Grande-Anse, de l'autre côté de l'île, – et sur les hauteurs de la Caravelle, ce long promontoire fantastique qui s'avance à trois lieues dans la mer au sud du port de la Trinité[ii].

Et à mon retour à Saint-Pierre, je trouvai une version de la légende tout à fait différente. Ce fut Manm Robert qui me la raconta. Manm Robert était une bonne vieille âme, qui tenait une petite *boutique-lapacotte* (où l'on vendait des mets tout cuits) près de la rue des Amitiés, à la pente si périlleuse.

– Ah ! Pé Labatt ! oui ! s'écria-t-elle dès la première question que je lui posai. Le Père Labat était un très bon prêtre qui vivait ici il y a très longtemps. On lui a fait un grand tort ici ; on lui a donné un méchant *coup d'langue,* et la blessure que fait une méchante langue est pire que la morsure d'un serpent terrible. Ils ont menti sur son compte ; ils l'ont calomnié et l'ont fait renvoyer du pays. Mais avant que le Gouvernement ne l'ait embarqué, lorsqu'il arriva sur le quai, il enleva ses chaussures et en secoua la poussière sur le quai en disant : « Je te maudis, ô Martinique ! Je te maudis ! La nourriture ne coûtera rien, pourtant les enfants n'auront même pas de quoi l'acheter ! Les étoffes seront pour rien, mais les femmes n'auront pas de quoi se payer une robe ! Et les enfants battront leurs mères ! Tu me bannis, mais je reviendrai.[iii] »

– Et alors, que s'est-il passé, Manm Robert ?

– *Eh ! fouinq ! ché,* tout ce que Père Labat a prédit est arrivé ! Ici la nourriture ne coûte presque rien, et pourtant les gens crèvent de faim à Saint-Pierre ; il y a des vêtements à des prix dérisoires, mais les pauvres filles ne gagnent pas assez pour se payer une seule robe. Les jolies indiennes, qui coûtaient jadis cinquante sous le mètre, ne valent maintenant que douze sous. Mais personne n'a d'argent. Et si vous parcourez nos journaux, – *La Défense coloniale, Les Colonies,* – vous verrez que les fils sont parfois assez méchants pour battre leurs mères : *oui ! yche ka batt manman !* C'est la malédiction du Pè Labatt.

Ce fut tout ce que Manm Robert voulut me dire. Qui lui avait raconté cette histoire ? Sa mère. Et de qui sa mère la tenait-elle ? De sa grand'mère... Plus tard je trouvai plusieurs personnes qui me confirmèrent la tradition et la malédiction du Père Labat telle que Manm Robert me l'avait racontée.

Très peu de temps après cette courte entrevue, je fus invité à passer l'après-midi dans le *home*[1] d'un créole qui habitait sur le Morne Orange, lieu tout spécialement hanté[2] par le Père Labat. La maison de M. M... est située sur le flanc d'une colline à cinq cents pieds d'altitude, dans un bosquet d'arbres. C'est une demeure ancienne aux fondements massifs comme ceux d'une forteresse, et ornée d'immenses balcons de pierre. D'un de ces balcons on découvre la ville, le port et la montagne Pelée, et je crois que même les personnes qui connaissent Naples avoueraient que c'est une des plus belles vues du monde... Vers le soir, j'eus l'occasion de demander à mon hôte certains détails sur la légende de ce voisinage.

– Dès mon enfance, répondit M. M..., j'ai entendu dire que le Père Labat hante cette montagne, et j'ai souvent vu ce qu'on affirme être sa « lumière ». Cela ressemble à une lanterne qui serait balancée par la main de quelqu'un qui gravit la colline. Fait étrange, cette lumière s'amenait, en général, de la direction de Carbet ; elle longeait alors le Morne Orange à quelques centaines de pieds au-dessus de la route, et puis elle montait le long de ce qui semblait être un précipice abrupt. Bien entendu, quelqu'un portait cette lanterne, sans doute un nègre. Peut-être la montagne n'est-elle pas aussi inaccessible qu'elle le paraît.

1 Voir *supra*, à la page 21, la note 1.

2 Le traducteur va plus loin que l'auteur, qui nuance en mettant « supposed to be » (« censé être ... hanté »).

Pourtant nous n'avons jamais pu découvrir qui c'était, et nous n'avons pas deviné quel pouvait être son objet. Mais nous n'avons pas revu la lumière du Père Labat depuis bien des années.

III

Et qui était le Père Labat, – ce prêtre étrange dont le souvenir bizarrement dénaturé par la légende s'attarde ainsi dans la tradition orale des gens de couleur? Plusieurs encyclopédies nous le disent, mais aucune de façon plus intéressante que celle du Docteur Rufz, l'historien de la Martinique, qui, dans l'article paru dans les *Études statistiques et historiques*, révèle ce charme de compréhension sympathique grâce à laquelle un maître biographe se manifeste parfois une espèce de nécromant, et prête à une personnalité disparue la puissance d'une présence vivante. Pourtant même les faits incolores que vous donnent les biographes ordinaires suffiraient à convaincre la majorité des lecteurs que Jean-Baptiste Labat doit être classé parmi les hommes extraordinaires de son siècle.

Il y a près de deux cents ans, – le 24 août 1693[iv] – un voyageur portant l'habit blanc de l'ordre des Dominicains, recouvert en partie par un paletot noir pénétra dans la ville de la Rochelle. Il était très grand et très robuste, avec un de ces visages à la fois graves et vifs qui dénotent une grande énergie et un discernement rapide. C'était le Père Labat, originaire de Paris, tel qu'il était dans sa trentième année. D'après son costume, on eût été tenté de le décrire comme mi-prêtre mi-laïc, et ce jugement eût été assez juste. Le caractère de Labat était trop ouvert pour sa profession, – il s'épanouissait tout naturellement au delà des limites fixes de la vie ecclésiastique ; et pendant toute la période active de son étrange carrière, nous trouvons en lui ce double caractère de laïc et de moine. Il était venu à la Rochelle s'embarquer pour la Martinique. Auparavant il avait été professeur de philosophie et de mathématiques à Nancy. Un soir, tout en contemplant un coucher de soleil de la fenêtre de son bureau, quelqu'un lui remit une circulaire publiée par les Dominicains des Antilles françaises qui demandaient des volontaires. La mort avait fait de larges trouées dans leurs rangs, et divers malheurs avaient tellement éprouvé leurs finances que la ruine menaçait tous leurs établissements des Antilles. Avec la décision rapide d'un esprit qui souffrait de la contrainte exercée par une vie beaucoup trop étroite pour ses facultés, Labat donna sa démission de professeur et s'engagea comme missionnaire.

Dans ces jours-là, toute communication avec les Antilles françaises était irrégulière et difficile. Labat dut attendre une semaine entière à la Rochelle avant de trouver un navire à destination de la Martinique. Dans le monastère où il était descendu, d'autres attendaient la même aubaine ; – parmi eux se trouvaient plusieurs Jésuites et des Capucins ainsi que des Dominicains. Ils furent tous unanimes à élire Labat leur chef, ce qui était un fait très significatif, si l'on prend en considération la jalousie réciproque des différents ordres religieux de cette époque. Il y avait quelque chose dans l'énergie et la franchise du caractère de Labat qui semble lui avoir attiré la confiance et la soumission de tous les autres prêtres. Ils s'embarquèrent en novembre, et pendant le voyage Labat garda encore sa position de chef. Son récit du voyage est amusant ; il semble avoir réglé la vie des passagers et de l'équipage en tout, sauf en ce qui concernait la navigation pratique. Il enseigna les mathématiques au capitaine ; il inventa des distractions de toutes sortes, afin d'animer la monotonie d'un trajet de deux mois !

Comme le navire approchait de la Martinique, Labat aperçut d'abord la partie la plus sévère de la côte, – la région de Macouba. Sa première impression ne fut pas heureuse. « L'île, écrit-il, me parut une montagne effroyable, brisée partout par des précipices. Rien ne me plut, sauf la verdure qu'on voyait partout et qui me parut à la fois nouvelle et agréable à cette époque de l'année. »

Presque aussitôt après son arrivée, il fut envoyé à Macouba par le supérieur du couvent, afin de s'acclimater. Car Macouba était alors considéré la région la plus salubre de l'île. Quiconque a accompli de nos jours le trajet à cheval de Saint-Pierre à Macouba et retour peut certifier l'exactitude de la captivante narration que Labat a consacrée à ce voyage. L'île a si peu changé au cours de deux siècles, qu'on n'aurait pas, pour ainsi dire, à corriger une seule ligne de la description du Père avant de l'adopter en entier pour servir au récit d'un voyage à Macouba en 1889.

À Macouba, tout le monde lui fait fête, et l'accueille avec enthousiasme. Dès son arrivée il fascine et domine toute la petite communauté. « Il y a un charme inexprimable, dit Rufz en commentant cette partie du récit de Labat, dans les nouvelles relations d'homme à homme ; personne n'a encore été offensé, on n'a encore soulevé aucune envie ; il n'est guère possible même de deviner de quelle direction viendra le mauvais vouloir que l'on provoquera sûrement. Il n'y a pas de rivaux, il n'y a pas d'ennemis. On est l'ami de tous ; et beaucoup d'entre eux espèrent que l'on continuera à être seulement le leur »... Labat sut tirer un avantage légitime de cette bienveillance ; il persuada à ses admirateurs de reconstruire l'église de Macouba d'après des plans exécutés par lui.

Pourtant il ne lui fut pas permis de séjourner à Macouba aussi longtemps que l'eussent souhaité les bonnes gens du bourg. Il avait fait preuve de certaines aptitudes qui rendaient sa présence très désirable à Saint-Jacques, la grande plantation de l'ordre située à Capesterre. Elle avait contracté une dette de 700.000 livres de sucre, – c'était en ces jours-là une situation très précaire et elle semblait devoir s'endetter plus lourdement encore à chaque récolte successive. Labat fit une inspection générale ; il se mit à l'œuvre sur la plantation, – non seulement en qualité d'administrateur, mais aussi comme ingénieur, architecte, mécanicien et inventeur. Il fit vraiment des choses étonnantes. L'ancienne plantation des Dominicains, – maintenant la propriété de l'État louée pour 50.000 francs par an, – demeure une de celles qui ont la plus de valeur de la colonie, à cause des travaux que Labat y accomplit.

Il établit des canalisations qui provoquent encore aujourd'hui l'admiration des hydrologues ; il construisit ou inventa des moulins qui sont encore en usage ; il écrivit un traité sur la fabrication du sucre qui demeura pendant cent cinquante ans le meilleur ouvrage de ce genre, et le manuel de tous les planteurs français. En moins de deux ans, Labat avait non seulement sauvé la plantation de la faillite, il l'avait enrichie. Et si les moines le crurent vraiment inspiré, l'épreuve du temps ne jette aucun ridicule sur la stupeur qu'ils éprouvaient devant le génie de cet homme.

Et aujourd'hui même, le rapport qu'il publia vers 1720 sur les cultures secondaires, sur les manufactures à établir, sur l'importation, l'exportation et sur certaines méthodes commerciales spéciales, a perdu très peu de sa valeur.

De tels talents lui valurent une admiration générale et une réputation qui n'avait aucun précédent dans les colonies. On le demandait de partout. Auger, gouverneur de la Guadeloupe, l'envoya chercher pour aider les colons à fortifier et à défendre l'île contre les Anglais : et nous trouverons le missionnaire tout aussi à l'aise dans ce nouveau rôle, occupé à construire des bastions, des escarpes, des contre-escarpements et des ravelins, que sur la plantation de Saint-Jacques. Nous le voyons même prendre part à un engagement, menant lui-même un duel d'artillerie, – chargeant, visant et faisant feu pas moins de douze fois, après que les autres artilleurs français avaient été tués ou chassés de leurs postes. Après une formidable canonnade de la part des Anglais, un de ceux-ci l'interpelle en français :

– Père Blanc, ont-ils porté ?

Il ne répond qu'après avoir fait feu, en visant beaucoup plus juste. Alors il répète à son tour la question ironique : Ont-ils porté ?

– Oui, avoue l'Anglais navré et surpris. Mais nous vous revaudrons ça.

Rentrant à la Martinique avec de nouveaux titres de distinction, Labat fut nommé Supérieur de l'Ordre dans cette île, et de plus Vicaire Apostolique. Il construisit le Couvent du Mouillage à Saint-Pierre et plusieurs autres édifices. Ensuite il entreprit cette série de voyages consacrés aux intérêts des Dominicains, qu'il nous raconte dans six tomes volumineux. Comme voyageur, le Père Labat a eu peu de rivaux dans son genre ; aucun même semble avoir été capable de répéter certains de ses exploits. Il ne se contenta pas de visiter toutes les colonies françaises et plusieurs des colonies anglaises : il les étudia dans leurs moindres détails géographiques. Or voyager aux Antilles représente des difficultés que les étrangers ne soupçonnent point ; mais au temps du Père Labat les routes étaient peu nombreuses et il y avait une variété d'obstacles infiniment plus grands. Je crois qu'il y a à peine une demi-douzaine de blancs à la Martinique qui connaissent leur île vraiment bien, ou qui en ont même parcouru toutes les routes. Mais Labat la connaissait comme sa poche, et il voyagea même sur des routes qui n'ont jamais été tracées. Il connaissait également bien la Guadeloupe et les autres îles, et il apprit tout ce qu'on pouvait apprendre en ce temps-là sur les productions et les ressources des autres colonies.

Il voyagea avec intrépidité et examina tout avec la conscience d'un Humboldt, – autant que le lui permettait sa science limitée. S'il avait possédé la science des naturalistes et des géologues modernes, il eût sans doute laissé peu à découvrir à ses successeurs. Et aujourd'hui encore les voyageurs qui visitent les Antilles consultent volontiers ses livres.

Ces devoirs entraînèrent chez lui une prodigieuse dépense physique et cérébrale dans un climat mortel pour les Européens. Ses voyages l'obligèrent également à entreprendre beaucoup d'expéditions sur des eaux hantées par des flibustiers et des boucaniers. Mais aucun danger ne semble rebuter Labat. Il devient le camarade et l'ami personnel des flibustiers, et ne se fait aucun scrupule à entreprendre certaines expéditions avec eux. Il prend ainsi part à plusieurs combats navals ; il participe même à la capture de deux navires anglais, – et s'ingénie ensuite à faire que les prisonniers s'amusent de cet événement comme d'une fête ! Au cours d'un autre voyage, le navire de Labat fut saisi par une galère espagnole. À un certain moment, des sabres levés menacent sa tête, et des mousquets chargés visent sa poitrine. L'instant d'après tous les Espagnols sont à genoux, terrifiés par une croix que Labat dresse devant les yeux de ses vainqueurs, la croix portée par les officiers de l'Inquisition, – le terrible symbole du Saint Office.

– Elle ne m'appartenait pas, avoue-t-il plus tard, – mais elle avait été oubliée par mégarde parmi mes effets par un de nos frères.

Labat semble toujours être prêt à faire face à toute éventualité, aussi imprévue qu'elle soit. Ce n'est pas un moine humble et timide : il a la nature et l'humeur d'un de ces abbés du moyen âge qui revêtaient avec une égale indifférence casque ou capuchon. Il semble même être plus soldat que prêtre ; et lorsque des corsaires anglais tentèrent de débarquer sur la côte martiniquaise à Sainte-Marie, ils trouvèrent le Père Labat qui les attendait, entouré de tous les nègres de la plantation Saint-Jacques pour les repousser jusqu'à leurs navires.

Il fait preuve de la plus absolue indifférence en ce qui concerne d'autres dangers. Il étudie le phénomène des ouragans en mer avec un intérêt où il y a presque du plaisir, tandis que ses camarades abandonnent tout espoir. Attaqué par la fièvre jaune, alors connue sous le nom de *mal de Siam,* il refuse de rester au lit le temps prescrit, et se lève pour célébrer la messe. Il s'évanouit devant l'autel ; pourtant quelques jours plus tard, nous le voyons à cheval franchissant les montagnes pendant la saison la plus malsaine de l'année.

Labat avait trente ans lorsqu'il se rendit aux Antilles ; il n'en avait que quarante-deux lorsque sa tâche fut accomplie. En moins de douze années il avait rendu son Ordre le plus puissant et le plus riche de tous aux Antilles ; et il sauva sa propriété de la ruine pour la reconstruire sur des bases d'une richesse extraordinaire. Comme Rufz observe sans exagération, la carrière du Père Labat aux Antilles semble plus que confirmer l'ancienne légende des travaux d'Hercule. Partout où il passa, sauf dans les colonies anglaises, son passage fut marqué par la construction d'églises, de couvents et d'écoles – et aussi de moulins, de forts et de raffineries. Certaines villes le réclament pour fondateur. La solidité de ses créations architecturales n'est pas moins remarquable que l'excellence de leur dessin. Bien des édifices qu'il a bâtis demeurent encore aujourd'hui[1], et lorsqu'on dut démolir l'ancienne église dominicaine de Saint-Pierre pour faire place à un bâtiment plus important, les ouvriers se plaignirent de ne pas pouvoir disjoindre les pierres ; les murs semblaient de solides masses de roc. De plus, il est hors de doute que le Père Labat exerça une influence considérable sur la vie des colonies pendant ces années-là, – et qu'il développa leurs possibilités industrielles et commerciales.

Après avoir accompli toutes ces œuvres, il fut envoyé en mission à Rome. Il ne revint jamais d'Europe. Il y voyagea plus ou moins ; il s'établit enfin à Paris. Ce fut là qu'il rédigea et

1 La précision suivante n'est pas traduite : « what has vanished was removed by human agency and not by decay » (« ce qui a disparu fut enlevé par les hommes et non pas par la décomposition naturelle »).

publia le volumineux récit de ses voyages et d'autres livres curieux. Il manifesta comme écrivain la même énergie infatigable qui l'avait caractérisé en d'autres circonstances[1]. Il demanda vainement d'être renvoyé à ses chères Antilles, mais, pour une raison inconnue, sa prière ne fut jamais exaucée. La contrainte du cloître dut être une lente agonie pour un caractère comme le sien ; il fut pourtant obligé de la supporter pendant de longues années. Il mourut à Paris en 1758, âgé de soixante-quinze ans.

Il était inévitable qu'un homme pareil se fît des ennemis mortels. Ses préférences, sa position, son activité, ses aptitudes d'homme d'affaires, sa présomption indispensable suscitèrent sans doute des haines secrètes et de sourdes jalousies, alors même que la franche malveillance n'osait pas se manifester. Et à ces résultats naturels d'un antagonisme ou opposition personnels vinrent s'ajouter plus tard d'autres ressentiments, irrationnels peut-être, mais extrêmement violents, provoqués par la franchise cynique du Père en tant qu'écrivain. Il parlait librement de l'origine des familles et des travers[2] personnels de divers colons qui étaient de hauts personnages dans leur petite sphère. Et aujourd'hui encore son livre a une réputation fâcheuse, bien que fort imméritée, dans les vieilles communautés créoles, où l'on n'oublie jamais et où l'on ne pardonne pas toute allusion publique à un scandale de famille. Mais sans doute bien avant la publication de ce livre avait-on déjà décidé qu'après la mission du Père Labat en Europe il n'obtiendrait jamais l'autorisation de retourner à la Martinique ou à la Guadeloupe. Le véritable but poursuivi par le Gouvernement en adoptant cette politique demeure encore un mystère, malgré tout ce qu'assurent des écrivains ingénieux. Nous

1 L'auteur précise en outre que Labat ne semble pas avoir été heureux loin des tropiques (« he does not, however, appear to have been happy »).

2 Le terme « défaut » traduirait mieux ici « failing » (à ne pas confondre avec « failure »).

savons seulement que M. Adrien Dessalles, – un historien fidèle de la Martinique, – en fouillant dans les vieilles *Archives de la marine,* y découvrit une lettre ministérielle adressée à l'Intendant de Vaucresson et où l'on lit ce qui suit :

« Le Père Labat ne sera jamais autorisé à revenir aux Colonies, quoi qu'il puisse faire pour en obtenir l'autorisation. »

IV

On termine la lecture du *Nouveau Voyage aux îles de l'Amérique* avec presque du regret. Bien que les six petits volumes qui le composent, remplis de dessins amusants, de plans, de bizarres ébauches, de cartes topographiques, soient extrêmement diffus, le Père Labat parvient toujours à nous intéresser. Il rappelle un de ces causeurs d'autrefois, précis et lents, qui pesaient chacune de leurs paroles et ne laissaient rien à l'imagination des assistants, et qui, cependant, récompensaient toujours, tôt ou tard, la patience de leurs auditeurs par des réflexions d'une profondeur surprenante et par des théories tout à fait nouvelles. Mais, en lisant ces petits volumes, le lecteur est frappé moins par le récit d'incidents singuliers, que par la révélation de la personnalité de l'auteur qu'on y découvre. En le lisant, on devine un caractère d'une force surprenante, très doué, mais mal équilibré ; très rusé en ce qui concernait les affaires mondaines, mais pourtant d'une crédulité surprenante sous tous les autres rapports ; superstitieux mais cynique ; peu sympathique par son positivisme, mais agréable par le désir naturel qu'il avait de faire plaisir, juste de nature et cependant capable d'une sévérité implacable ; profondément dévot mais pourtant relativement tolérant pour un homme de sa carrière et de son époque. Il est assez libre de bigoterie mesquine pour se moquer de ceux de ses frères qui avaient des scrupules à employer des hérétiques comme serviteurs. Son récit de la façon dont il se procura les services d'un excellent raffineur pour la plantation martiniquaise de Fond Saint-Jacques n'est pas une des pages les moins amusantes de son livre. Il écrit : « Le religieux qui avait été nommé Supérieur à la Guadeloupe m'a écrit qu'il lui serait difficile d'employer ce raffineur parce qu'il était Luthérien. Ce scrupule me fit plaisir, car il y avait longtemps que je désirais l'employer sur notre plantation de Fond Saint-Jacques, mais je ne savais si j'y réussirais ; j'écrivis tout de suite au Supérieur pour lui dire qu'il n'avait qu'à m'envoyer l'homme sans tarder, car cela m'était fort indifférent que le sucre qu'il fabriquerait fût du sucre catholique ou du sucre luthérien, pourvu qu'il fût bien blanc. »

Le Père Labat est d'une égale franchise en confessant une erreur ou une déconfiture. Il reconnaît qu'alors qu'il était professeur de mathématiques et de philosophie, il apprenait à ses élèves qu'il n'y avait pas de marées dans les tropiques. Et dans une discussion engagée pour savoir si le *diablotin* (espèce d'oiseau nocturne qui a presque disparu aujourd'hui dans les Antilles) était poisson ou chair, et si on ne pouvait pas le manger pendant le carême, il nous dit qu'il fut battu.

On peut cependant soupçonner que le Père Labat, malgré ses références à la décision de l'Église qui établit que les *diablotins* n'étaient pas des oiseaux, fut bel et bien convaincu, dans son for intérieur, que c'en étaient. Les récits qu'il nous fait de ses controverses sont pleins d'un humour très malicieux qui tendrait à faire croire que, tout en étant satisfait de la décision de l'Église, il n'ignorait rien sur les *diablotins*. De plus il trahit certaines tendances de gourmandise qui ne s'harmonisent pas absolument avec la profession d'un ascète.

En ce temps-là, les perroquets abondaient aux Antilles françaises. Le Père Labat n'essaie pas de nous cacher son goût pour les perroquets rôtis. Il ne paraît pas les avoir beaucoup aimés en tant qu'animaux de luxe ; s'ils ne savaient pas bien parler, il les condamnait impitoyablement au four.

« Ils vivent tous de graines et de fruits, écrit-il, et leur chair prend la couleur et l'odeur de la graine particulière dont ils se nourrissent. Ils deviennent extrêmement gras à la saison où les goyaves mûrissent et lorsqu'ils mangent les graines du bois d'Inde, ils prennent une odeur de muscade et de girofle qui fait plaisir. »

Il recommande quatre façons de les préparer, ainsi que d'autres volailles ; la première et la meilleure est de leur faire avaler du vinaigre et puis de les étrangler en leur tordant le cou tandis qu'ils ont encore le vinaigre dans le gosier ! Dans la quatrième recette il recommande de les « écorcher tout en vie ». Il est certain, ajoute-t-il, que ces recettes sont excellentes, et que les volailles qui doivent être cuites à la hâte obtiennent ainsi une « *tendreté admirable* ».

Il fait ensuite de brèves excuses à ses lecteurs non pour la cruauté de ses recettes, mais pour avoir fait montre d'une science culinaire qui ne convient guère à un moine ; il dit qu'il ne l'a acquise que parce qu'il a été soumis aux nécessités particulières que la vie coloniale impose à tous sans distinction. La note de cruauté révélée ici produit une impression que rien d'autre dans l'ouvrage entier ne vient atténuer. Labat semble avoir été doué d'un altruisme très faible ; son cynisme en ce qui concerne les souffrances des animaux n'est guère compensé par la sympathie qu'il éprouve pour la douleur humaine. Il ne s'apitoie jamais. Vous cherchez en vain à travers son œuvre un reflet de la bonté du doux Père Dutertre, qui, rempli d'une pitié intense pour la condition des nègres, implore les maîtres de se montrer miséricordieux et justes envers leurs esclaves pour l'amour de Dieu. Labat, au contraire, estime que l'esclavage est un excellent moyen d'arracher les nègres à la superstition et de sauver leurs âmes de l'enfer. Il choisit et achète lui-même les esclaves du Fond Saint-Jacques ; il ne se trompe jamais et ne fait jamais de mauvaise affaire ; et il ne paraît pas éprouver la moindre commisération pour leur triste sort. En somme, l'émotion du Père Dutertre, dont il se moque malicieusement parfois, a dû lui sembler plutôt blâmable que digne d'éloge. Labat considérait le nègre comme l'enfant du Diable, un sorcier, un être néfaste, imbu d'un pouvoir occulte.

Les chapitres traitant de la sorcellerie nègre sont peut-être parmi les plus curieux de son livre : – ils révèlent une crédulité presque illimitée de la part de cette nature dure et pratique. Après avoir raconté comment il expulsa du pays un nègre « qui prédisait l'arrivée des navires et autres choses à venir, – du moins autant que le Diable lui-même savait ces choses et les lui révélait », il déclare formellement comme suit sa croyance dans la magie :

« Je sais que beaucoup de personnes considèrent comme pure imagination, comme sottes histoires et comme véritables mensonges tout ce qu'on raconte sur les sorciers et sur leurs contrats avec le Diable. Je fus longtemps de cet avis. Depuis je sais que tout ce qui a été raconté n'est pas entièrement faux, bien que ce ne soit pas entièrement vrai ! »

Sur cela il narre des histoires basées sur ce qui était en ce temps-là des autorités indiscutables. Le premier incident eut lieu, nous assure-t-il, au couvent dominicain de la Martinique, un peu avant son arrivée à la colonie. Un des Pères, le Père Fraise, avait amené à la Martinique, du Royaume de Juda en Guinée, un petit nègre âgé de neuf ou dix ans. Peu de temps après, il y eut une grande sécheresse et les moines prièrent en vain pour la pluie. Le petit nègre, qui commençait à comprendre le français et même à le parler un peu, dit à ses maîtres qu'il était un Faiseur de Pluie, et qu'il pourrait leur obtenir autant de pluie qu'ils désiraient.

« Cette proposition, dit Labat, étonna grandement tous les Pères ; ils se consultèrent, et enfin, leur curiosité dominant leur raison, ils consentirent à ce que cet enfant non baptisé fît tomber la pluie sur leur jardin. »

L'enfant « non baptisé » leur demanda s'ils désiraient une

grande pluie ou une petite pluie. Ils répondirent qu'ils se contenteraient d'une pluie modérée. Alors le petit nègre se procura trois oranges ; – il les plaça par terre en une rangée, à quelque distance l'une de l'autre, et se prosterna devant chacune d'elles en murmurant des paroles en une langue inconnue ; ensuite il chercha trois petites branches d'oranger, enfonça une branche dans chaque orange, et répéta ses prosternations et ses invocations. Puis il prit une des branches, se leva et regarda l'horizon. Après un certain temps on vit apparaître un petit nuage. Le petit nègre tendit sa branche vers le nuage qui s'approcha rapidement, s'arrêta au-dessus du jardin et fit tomber une averse abondante. Alors l'enfant fit un trou dans la terre et il y enterra les oranges et les branches. Les Pères furent très surpris de découvrir que pas une goutte d'eau n'était tombée en dehors de leur jardin. Ils demandèrent à l'enfant qui lui avait appris cette sorcellerie. Il leur dit que parmi les nègres à bord du négrier qui l'avait amené à la Martinique, il se trouvait des *Faiseurs-de-Pluie*, qui lui avaient enseigné leur science. Le Père Labat déclare qu'on ne peut nier l'authenticité de cette histoire ; il cite les noms du Père Fraise, du Père Rosié, du Père Temple et du Père Bournot, qui appartenaient tous les quatre à son ordre, et qui furent les fidèles témoins de cet incident.

Le Père Labat fait preuve d'une aussi grande crédulité dans son récit d'une histoire encore bien plus extravagante, qui lui fut contée par Mme la Comtesse du Gênes. Le Comte du Gênes, mari de la dame en question, était Commandant d'un escadron français. Il prit le fort anglais de Goréa[1] en 1696, et fit prisonniers tous les esclaves d'une factorerie anglaise qui y était établie. Mais le navire sur lequel ils se trouvaient tous ne parvint pas à s'éloigner de la côte, malgré une bonne brise ; on

1 Il s'agit peut-être ici de Gorée, île des côtes du Sénégal et l'un des principaux centres de la traite des esclaves.

eût dit qu'il était ensorcelé. Enfin certains des nègres apprirent au capitaine qu'il y avait à bord une négresse qui avait le pouvoir de « dessécher les cœurs » de ceux qui refusaient de lui obéir. Plusieurs morts ayant eu lieu parmi les nègres, le capitaine fit faire les autopsies des cadavres, et l'on découvrit ainsi que le cœur de chacun des nègres morts était tout desséché. Alors la négresse fut amenée sur le pont ; elle fut attachée à un canon et fouettée. Mais elle ne poussa pas un cri. Son stoïcisme rendit le chirurgien du navire tellement furieux, qu'il prit lui-même part à la punition et la fouetta de toutes ses forces. Alors la négresse lui dit que, puisqu'il avait abusé d'elle sans raison, son cœur se dessécherait aussi. Il mourut le lendemain, – et son cœur était bien dans l'état prédit par la négresse. Cependant le navire ne bougeait toujours pas, ni dans une direction ni dans l'autre, et la négresse dit au capitaine qu'il ne pourrait faire voile que lorsqu'il l'aurait mise à terre avec ses compagnons. Afin de le convaincre du pouvoir occulte dont elle jouissait, elle lui demanda d'enfermer trois melons frais dans un coffre qu'il fermerait ensuite à clef, qu'il placerait sous une surveillance absolue. Lorsqu'elle lui dirait de rouvrir le coffre, les melons n'y seraient plus. Le capitaine tenta l'expérience. Quand il rouvrit le coffre, les melons semblaient toujours y être, mais en les touchant il se rendit compte qu'il n'y avait plus que l'écorce extérieure ; tout l'intérieur était desséché comme le cœur du chirurgien. Alors le capitaine débarqua la sorcière et ses amis et fit voile sans plus d'ennuis.

Voici encore une histoire de sorcellerie africaine que le Père Labat nous garantit absolument.

En 1701, à Saint-Thomas, un nègre fut condamné à être brûlé vif pour sorcellerie. Son principal crime était d'avoir fait « parler une petite figurine en terre cuite ». Certain créole, en rencontrant le nègre qui se rendait sous bonne escorte au lieu d'exécution, lui dit d'un ton railleur : « Eh bien, tu ne peux plus faire parler la petite figurine, elle est cassée. » « Si Monsieur me le permet, répondit le nègre, – je ferai parler la canne qu'il porte à la main. »

La curiosité du créole fut éveillée ; il réussit à persuader aux gardes de s'arrêter quelques instants afin de permettre au nègre de tenter l'expérience. Alors le nègre prit la canne, la ficha en terre au milieu de la route et lui murmura quelques paroles. Puis il demanda au créole ce qu'il désirait savoir.

– J'aimerais savoir si le navire X... a déjà quitté l'Europe, répondit-il, et quand il arrivera ici.

– Alors mettez votre oreille contre la canne, dit le nègre.

Le créole obéit et il entendit très distinctement une voix faible qui lui apprit que le navire en question avait quitté un port français tel et tel jour, qu'il arriverait à Saint-Thomas d'ici trois jours ; qu'une tempête l'avait retardé et lui avait enlevé son avant foc et son mât de misaine, mais que tous les passagers étaient en bonne santé.

Après cet incident, le nègre fut tout de même brûlé vif. Mais trois jours plus tard le navire arriva au port, et la prédiction ou divination fut prouvée exacte dans les moindres détails.

Le Père Labat ne désapprouve nullement la peine atroce qui fut infligée au malheureux nègre. Selon lui, de telles prédictions avaient lieu grâce à la puissance et l'aide personnelle du Diable. Il estimait qu'aucune punition n'était trop sévère pour ceux qui entretenaient sciemment des relations avec le Diable. Il pouvait être très dur lui-même comme on le voit d'après différents récits de ses expériences personnelles avec de soi-disant sorciers, – et surtout avec l'un d'eux, un médecin africain. Ce dernier était esclave sur une plantation voisine, et il visitait Saint-Jacques furtivement afin d'y pratiquer son art. Une des esclaves de l'Ordre, une négresse, étant tombée malade, fit chercher ce médecin. Il vint la nuit avec tout son attirail de pots de terre et de fétiches. Il se mit à réciter ses incantations, sans se douter le moins du monde que le Père Labat le surveillait par une fente de la porte. Après avoir consulté ses fétiches, le nègre dit qu'elle mourrait dans quatre jours. À ce moment le prêtre fit tout à coup sauter la porte, et entra suivi de plusieurs solides esclaves. Il brisa tous les objets du devin, et essaya de rassurer la négresse terrifiée en lui disant que la prédiction n'était qu'un mensonge inspiré par le Diable. Puis il fit déshabiller le sorcier et le fit fouetter en sa présence.

« Je lui fis donner trois cents coups qui l'écorchèrent des épaules aux genoux, observe-t-il avec calme. Il hurlait comme un fou. Tous les nègres tremblaient et m'assuraient que le Diable me ferait mourir. Ensuite je fis mettre le sorcier dans les fers, après l'avoir fait soigneusement laver avec de la pimentade, – c'est-à-dire avec de l'eau salée dans laquelle on avait écrasé des piments et des citrons. Ceci cause des douleurs insupportables à ceux qui ont été écorchés par le fouet, mais c'est un remède certain contre la gangrène. »

Il renvoya ensuite le malheureux à son maître avec une lettre demandant que la punition soit répétée. Cette demande paraît avoir été accordée, car le propriétaire du nègre était un « homme qui craignait Dieu ». Cependant le Père Labat se voit forcé d'avouer que, malgré tous ses efforts, la négresse mourut le quatrième jour comme le sorcier l'avait prédit, et ce fait dut confirmer sa croyance que le Diable était au fond de cette histoire, et il se demanda sans doute si même un châtiment d'environ trois cents coups de fouet suivi d'une pimentade était une punition suffisante pour le misérable noir !

– Peut-être est-ce le souvenir de cette terrible flagellation qui provoqua la terreur qui s'attache encore aujourd'hui au nom du Dominicain de la Martinique. Car la punition légale la plus sévère était de vingt-neuf coups de fouet !

Le Père Labat nous assure aussi que dans son temps les nègres portaient des bâtons qui avaient la propriété d'infliger une douleur chronique aiguë à toute partie du corps qu'ils touchaient. Il crut d'abord que ces douleurs étaient simplement d'origine rhumatismale, mais lorsqu'on eut recours sans résultat à tous les remèdes connus contre le rhumatisme, il fut convaincu qu'il y avait quelque chose d'occulte et de diabolique dans la préparation de ces bâtons, et dans la façon de s'en servir. Cette croyance est encore très répandue à la Martinique.

On rencontre rarement dans la campagne de nègre qui ne porte ou un bâton ou un coutelas ou les deux. Le coutelas est indispensable à ceux qui travaillent dans les bois ou sur une plantation. Le bâton sert de protection contre les serpents et d'arme dans les querelles de village ; car, à moins qu'un nègre ne soit absolument ivre, il ne frappera jamais son adversaire avec son coutelas. Ces bâtons sont en général d'un bois très fort et épais ; les plus recherchés sont faits d'un bois appelé *moudongue*[v], qui est presque aussi résistant mais beaucoup plus léger que notre noyer.

Lorsque je demandai si l'on croyait toujours que ces bâtons possédaient des propriétés magiques, les nègres de la campagne m'assurèrent que certains hommes connaissaient une méthode particulière de « préparer » les bâtons de façon à infliger une douleur aiguë et continue à toute personne qu'on toucherait très légèrement avec, même à travers plusieurs épaisseurs de vêtements.

Tout en croyant à ces choses et en étant incapable de décider si le soleil tournait autour de la terre, ou si la terre tournait autour du soleil, le Père Labat n'était pourtant pas plus ignorant que la plupart des missionnaires de son époque. Cette naïveté superstitieuse ne nous semble bizarre que si nous l'opposons à sa perspicacité pratique en toute autre matière, à son rationalisme mondain et à son pouvoir exécutif. Et l'ironie du Temps est parfois singulière ! Le livre merveilleux écrit[1] par le Dominicain est oublié, mais toutes les sorcelleries qu'il

1 Il s'agit ici d'une erreur de traduction. En écrivant « all the wonderful work the Dominican accomplished », l'auteur pensait à toute l'œuvre missionnaire du Dominicain plutôt qu'au seul ouvrage qu'il écrivit.

combattit si fort survivent encore, et prospèrent ouvertement. Et l'on ne prononce même plus son nom que par rapport à des superstitions, – il n'a même été conservé chez les nègres que grâce aux superstitions, à la croyance dans les *zombis* et dans les fantômes... *Mi ! ti manmaille-là, moin ké fai Pè Labatt vini pouend ou !*

V

Peu d'habitants de Saint-Pierre se rappellent aujourd'hui que le beau parc situé derrière la Cathédrale était jadis appelé la Savane des Pères Blancs, – et que la longue prairie ombragée qui borde la Roxelane était surnommée la Savane des Pères Noirs : les Jésuites. Tous les grands ordres religieux ont depuis longtemps disparu de la colonie ; leurs édifices ont été convertis à d'autres usages ou bien démolis ; leurs propriétés sont passées en d'autres mains.

Leurs travaux n'ont-ils donc eu que des résultats purement éphémères ? L'œuvre coloniale du Père Labat a-t-elle été vaine, en ce qui concerne l'avenir ? Il est difficile de répondre à cette question, mais elle vaut bien qu'on y réfléchisse.

Bien entendu, la prospérité matérielle que de tels hommes ont assurée à leur Ordre ne représentait, même à leurs yeux, que les moyens d'existence et l'accumulation de force indispensable pour les travaux de missionnaires de la communauté monastique dans l'avenir. Leur véritable but n'était pas d'acquérir le plus de puissance possible pour leur Ordre, mais pour l'Église, dont les Ordres ne représentaient qu'une portion de la force militante. Et ce but ne manqua pas d'être accompli. Les Ordres ne s'en furent que lorsque leurs labeurs furent achevés, – lorsque la Martinique fut devenue, en apparence du moins, plus catholique que Rome, – lorsque les missionnaires eurent fait tout ce que le zèle religieux pouvait accomplir en moulant et en remoulant le matériel humain placé sous leur contrôle. Ces hommes n'ont guère pu prévoir les changements sociaux et politiques que l'avenir réservait aux colonies, et contre lesquels en tout cas la sagacité ecclésiastique n'aurait pu se prémunir. C'est dans la condition actuelle de ces communautés que l'on peut observer et estimer le caractère et la durée probable du véritable travail accompli par les missions.

Même après un séjour prolongé à la Martinique, sa condition religieuse visible vous fait toujours l'impression d'une chose phénoménale. Un étranger, qui n'a aucune occasion de pénétrer dans la vie familiale du peuple, ne discernera peut-être pas toute l'étendue du sentiment religieux. Pourtant, tout court que soit son séjour, il observera assez d'exemples du symbolisme extravagant du culte pour en être fort surpris. Partout où il se promènera à pied ou à cheval, il est certain de rencontrer des autels, des statues de Saints, des immenses crucifix. S'il gravit jusqu'aux nuages des sommets, il les rencontrera tout le long de son chemin : il les apercevra qui l'attendent, surgissant à travers les nuées des cimes ; traversant les plus beaux ravins, il remarquera des niches creusées dans des rochers volcaniques, au-dessus et au-dessous de lui, – ou amenées dans les troncs d'arbres surplombant des précipices, quelquefois en des endroits d'un accès si difficile qu'il se demande comment on a jamais pu accomplir le travail. Tout cela est l'œuvre des différents propriétaires du pays ; c'est la coutume traditionnelle qui le veut ! Cela apporte bonne chance !

Après un séjour plus prolongé, on découvre aussi que dans presque toutes les chambres de chaque maison, résidence de pierre, *cottage*[1] en bois ou ajoupa au toit de chaume de palmier, se trouve une « chapelle ». C'est une sorte de grande étagère fixée au mur, sur laquelle sont placées des croix et des images

---

1 Voir *supra*, à la page 21, la note 1.

saintes, avec des vases de fleurs et des cierges qui brûlent pendant la nuit. Parfois aussi on érige des statues sur le rebord des fenêtres ou au-dessus des portes : et tous les passants se découvrent devant elles. Dans un village de montagne où je vécus quelques semaines, on avait taillé au-dessus du porche de ma chaumière une absurde petite fenêtre, une espèce de lucarne purement ornementale, dans laquelle on avait placé une Vierge de cinq pouces de haut. De loin elle ressemblait à un jouet, à une poupée oubliée. Et je la pris pour une poupée jusqu'au jour où je vis une longue procession de laboureurs noirs passer devant la maison, et chacun d'eux se découvrir devant la petite Vierge.

Ma chambre à coucher, dans ce même cottage, ressemblait à un musée religieux. Dans la chapelle il n'y avait pas moins de sept Vierges, dont la hauteur variait de un à seize pouces, – un Saint-Joseph, – un Saint-Jean, – un crucifix, – et une foule de petits objets en forme de cœurs ou de croix, qui avaient chacun un sens religieux spécial. Les murs étaient couverts de certificats de baptême, de première communion et d'autres documents encadrés qui commémoraient toute la vie religieuse de la famille depuis deux générations.

... La première impression que produit cet étalage perpétuel de croix, de statues et de chapelles en miniature n'est certainement guère agréable, surtout comme elles sont souvent inartistiques à un degré qui frise le grotesque. On ne voit rien qui ressemble à de l'art. Des millions de francs ont sans doute été engloutis dans ces créations, qui ont toute la grossièreté du moyen âge sans en posséder l'émouvante sincérité, – et qui, parmi la beauté de la nature tropicale, la grâce des palmiers, les feux multicolores des lianes, – heurtent le sens esthétique avec une violence presque brutale. Pourtant il y a une poésie voilée dans ces peuplades silencieuses en plâtre, en bois et en pierre. Elles représentent quelque chose de plus ancien que le moyen âge, – de plus ancien que le Christianisme, – quelque chose d'étrangement déformé et transformé, il est vrai, mais que la race latine conserve depuis les temps antiques où chaque foyer avait ses chers esprits, – où chaque bois, chaque colline, chaque source possédait sa divinité gracieuse, et où les bornes de tous les champs étaient marquées et gardées par des statues de dieux.

Les cas d'iconoclasme sont forcément très rares, dans un pays où tout habitant, blanc ou métis[1], n'oublie jamais de se découvrir devant chaque autel, croix ou statue qu'il rencontre. Les négociants de Saint-Pierre et de Fort-de-France qui vivent seulement à quelques milles de la ville font d'innombrables saluts en se rendant à leurs affaires, ou en en revenant. Je vis un jour un vieillard se découvrir ainsi vingt fois de suite au cours d'un trajet d'un quart d'heure à peine. Je n'ai entendu parler que d'un briseur de statues à la Martinique, et son acte provenait plutôt de la superstition que d'une hostilité quelconque envers la foi ou la coutume populaire ; il fut guidé par le même sentiment enfantin qui fait que les pêcheurs italiens maudissent parfois saint Antoine et font prendre un bain forcé à la statue en cas de mauvais temps. Cet iconoclaste martiniquais était un bouvier nègre. Un jour, sentant peut-être la nécessité d'un verre de tafia, il laissa les animaux qui lui étaient confiés sous la garde de la Vierge, avec cette menace :

« *Moin ka quitté bet-là ba ou pou gàdé ba moin. Quand moin vini si moin pa trouvé compte-moin, moin ké fouté ou vingt-néf coud-fouétt !* » (Je vous laisse ces bœufs pour que vous en preniez soin pour moi. Si, à mon retour, je ne les trouve pas tous ici, je vous flanquerai vingt-neuf coups de fouet.)

Une demi-heure plus tard, à son retour, il fut très surpris[2] de trouver les animaux errants dans toutes les directions. Se

1 Omise, la traduction de « rich or poor » (riche ou pauvre).
2 Le bouvier fut en réalité « greatly enraged », ce qui signifie plutôt « fou furieux ».

précipitant sur la statue de la Vierge, il l'arracha de son socle et, la jetant par terre, lui administra vingt-neuf coups de fouet. Il fut arrêté pour ce forfait, jugé et condamné aux travaux forcés à perpétuité ! Dans ce temps-là, il n'y avait pas de magistrats de couleur ; les juges étaient tous des *békés,* – des blancs.

– C'était, il me semble, une peine un peu sévère, remarquai-je au planteur qui m'avait mené voir le lieu du sacrilège.

– Sévère, oui, répondit-il, et je présume que l'acte du bouvier vous paraît plutôt insensé que criminel. Mais ici, à la Martinique, cette offense mettait en jeu de graves questions. L'acte du nègre parut un exemple dangereux, car nous nous sommes toujours appuyés, jusqu'à un certain degré, sur l'influence religieuse comme un facteur excellent pour le maintien de l'ordre social.

Il va sans dire que l'Église est encore riche et prospère à la Martinique. Mais on peut douter qu'elle continue à jouir d'une puissante influence dans le maintien de l'ordre social. Un relâchement tout polynésien parmi la population nègre et métisse et l'histoire des révolutions qu'inspira les haines de races prouveraient que l'Église ne jouit d'aucune autorité prépondérante ni en matière d'éthique ni en politique. Le radicalisme français n'a pas frappé très fortement les intérêts de l'Église en expulsant les différents ordres religieux, ni en fondant des écoles laïques, des lycées et autres institutions où l'enseignement est surtout caractérisé par un antagonisme agressif envers toutes les idées catholiques, – ni en enlevant les crucifix et les images saintes de tous les édifices publics. En ce qui concerne la population blanche, et l'on pourrait aussi dire riche, l'Église triomphe dans son hostilité contre les écoles du Gouvernement et elle a presque dans la même étendue le monopole de l'enseignement. Aucun créole blanc[1] n'aurait

1 Cette expression suggère que pour Hearn tout Créole n'est pas nécessairement blanc, et ce en dépit du fait qu'il emploie souvent le

même l'idée d'envoyer ses enfants à un lycée ou à une école laïque, malgré la supériorité incontestable de leur système d'enseignement. Et bien qu'étant forcés, puisqu'ils appartiennent à la classe qui paient les impôts, de soutenir ces établissements, – ils les ont en une horreur telle que les professeurs du Gouvernement sont soumis à un véritable ostracisme social. Sans doute l'Église est-elle aidée en cela par le préjugé, par l'orgueil, – qui abhorrent les écoles mixtes. L'Église admet le sentiment de race ; elle réserve ses écoles aux blancs, et, dans ses couvents, elle oblige même, dit-on, les religieuses de couleur à servir les religieuses blanches. Depuis deux siècles, chaque génération de blancs a été soumise au moule religieux dans les couvents et les séminaires ; parmi les blancs indigènes on n'entend jamais une déclaration ouverte de libre pensée. Sauf chez les hommes de couleur instruits dans les écoles du gouvernement, ou chez leurs professeurs étrangers, il n'y a pas de libres-penseurs à la Martinique. Et ceci ne provient pas de ce que les blancs créoles, dont beaucoup ont été élevés à Paris, sont bornés ou incapables d'aucune sympathie pour l'expansion morale de ce temps, mais de ce que, à la Martinique, la question religieuse est si étroitement liée aux questions sociales et politiques, au sujet desquelles toute compromission est impraticable, et qu'on ne peut séparer l'une de l'autre. Le catholicisme romain est un des éléments du ciment qui unit la société créole. Il est à noter que les autres religions ne sont pas représentées. Je n'ai entendu parler que d'un protestant de l'église épiscopale et d'un méthodiste dans toute l'île, et d'une vague légende sur un juif, dont je n'ai jamais pu découvrir la demeure. Mais tous étaient des étrangers.

Ce fut seulement l'établissement du suffrage universel qui, plaçant la population blanche à la merci de ses esclaves de

---

substantif « Créole » sans épithète pour désigner le Blanc créole.

jadis, – infligea à l'Église de Rome de sérieuses blessures. Aujourd'hui toutes les situations sociales sont occupées par des nègres ou des hommes de couleur ; aucun créole blanc n'obtient une situation officielle : il ne peut prendre une part quelconque dans la législation du pays. Et tout le pouvoir de la majorité nègre est dirigé[1] contre les intérêts de la classe ainsi déshéritée au point de vue politique. L'Église souffre en conséquence ; sa puissance dépendait de son union intime avec la classe aisée et dominatrice ; et ceux qui sont maintenant au pouvoir ne lui pardonneront jamais d'avoir jadis systématiquement soutenu leurs ennemis. Chaque année la politique exaspère cette hostilité, et l'Église ne pourra retrouver ses anciennes prérogatives qu'avec l'avènement d'un autre empire ou d'une monarchie. Les créoles blancs et l'Église sont donc forcément hostiles au républicanisme et à la République. Et, par contre, les journaux politiques attaquent continuellement le catholicisme romain, se moquant de ses dogmes et de ses cérémonies, et raillant ses prêtres.

Dans les villes, l'Église semble encore tenir une large place dans les affections des classes les plus pauvres ; ses cérémonies sont suivies attentivement ; l'argent se déverse dans ses coffres ; et l'on voit encore la curieuse procession annuelle des « convertis », vieilles femmes de couleur et négresses, qui vont communier pour la première fois, et qui portent toutes des turbans neigeux en cet honneur. Mais parmi les classes rurales où existent les forces dangereuses de la révolution, le sentiment chrétien est presque étouffé par de sinistres croyances d'origine africaine ; les saintes images et les crucifix commandent encore le respect, mais ce respect n'est inspiré que par un sentiment purement fétichiste. Avec la

1 L'auteur avait qualifié de mesquin cet exercice du pouvoir de la majorité noire, mais le traducteur s'est abstenu de traduire l'adverbe (« ungenerously »).

dépossession politique des blancs, certains occultes pouvoirs, jusqu'alors cachés ou réprimés, se sont formidablement développés. Le vieil ennemi du Père Labat, le sorcier, le *quimboiseur,* détient déjà plus d'autorité que le prêtre, exerce plus de terreur que le magistrat, et commande plus de confiance que le médecin. La classe mulâtre instruite affecte de le mépriser ; mais il prépare pourtant sa chute dans l'ombre. L'Africain s'est cramponné avec une persistance étonnante à ses croyances et à ses pratiques, poursuivies par l'Église, condamnées par la justice depuis des siècles. Il va encore à la messe, il envoie ses enfants chez le prêtre, – mais il se rend plus souvent chez le *quimboiseur* et le *magnétiste.* Il trouve moyen de se servir des deux croyances, mais il préfère de beaucoup le plus sauvage, comme il préfère aussi le roulement de son tam-tam au rythme de la musique militaire de la Savane du Fort. Et si jamais la Martinique se voit tout à fait abandonnée par la population blanche, ce qui n'est pas du tout improbable étant donné l'ordre actuel des choses, – il n'est guère difficile de prévoir quelle sera la destinée de cette organisation ecclésiastique qui fut érigée au coût de tant de peine par les différents Ordres.

VI

De ma fenêtre dans la vieille rue du Bois-Morin, qui gravit le flanc du Morne Labelle par une succession de hauts degrés de pierre, j'aperçois toute l'extrémité sud de la ville, comme vue à vol d'oiseau. Sous moi s'étendent des toits pointus aux tuiles rouges, des pignons et des lucarnes ennuagés çà et là du feuillage éclatant du tamarinier et du corossolier ; – à l'ouest le grand cercle de la mer caribéenne s'empourpre et s'enflamme ; – à l'est et au sud, se dressant vers le ciel violet, les collines volcaniques se déploient vêtues de vert de leurs bases à leurs sommets. Et devant moi le beau Morne d'Orange, empanaché de palmiers et enveloppé de bois, s'étend vers la mer et vers le sud. Et chaque soir, lorsque les étoiles sont sorties, j'y aperçois des lumières qui vont et viennent, les fanaux des lanternes qui guident les montagnards jusqu'à leur demeure ; mais c'est en vain que je cherche la lumière du Père Labat.

Cependant, bien que je ne croie pas aux revenants, je te vois parfois très nettement, ô singulier Père Blanc, te faufilant à travers les brumes d'hiver du Paris d'autrefois aux voies étroites du passé, songeant aux églises qui s'élevèrent à ton commandement sous les ciels des tropiques, rêvant aux vallées primitives que ta volonté transforma en des mers vert-doré de canne à sucre, – au solide moulin qui portera ton nom pendant deux siècles – (il est encore debout aujourd'hui), – aux demeures construites pour tes frères en des lieux agréablement ombragés de palmiers, – à la paix lumineuse de ton couvent martiniquais, et à l'odeur des perroquets rôtis engraissés de goyaves et de graines de bois d'Inde, *l'odeur de muscade et de girofle qui fait plaisir...*

Eh, Père Labat ! Quels changements se sont produits depuis ton temps ! Les Pères Blancs sont partis. Les Pères Noirs ont également été chassés de l'île, ne laissant pour tout souvenir que l'architecture lourde, mais parfaite, des constructions de la plantation Perinnelle, et le nom d'une rivière, la Rivière des Pères. Les Ursulines sont parties aussi, laissant seulement leur nom au coin d'une rue en ruines. Et il n'y a plus d'esclaves, – et il y a de nouvelles races de couleur que tu serais forcé d'admirer, tout en les jugeant scandaleuses ; et il n'y a plus de perroquets, – il n'y a plus de diablotins. Et les grands bois que tu vis dans leur pure beauté, comme tout frais du toucher du Créateur à l'aube même du monde, disparaissent également. Les arbres séculaires se convertissent en charbon de bois ou en planches pour la construction de navires. Tu devrais voir deux cents hommes traînant un géant de la forêt jusqu'à la mer sur la machine grinçante à deux roues appelée un diable, – *yon diable, – cric-crac, cric-crac !* en chantant tous ensemble :

Soh-soh ! yaïe-yah !
Rhasé bon canot !

Tout ce qu'il était au pouvoir de l'homme éphémère de transformer, il l'a transformé, les idées, les mœurs, les croyances, toute l'organisation sociale.

Mais l'été éternel demeure, et la magnificence hespérienne du ciel azur et de la mer violette, – et les couleurs de joyaux des collines éternelles. Les mêmes vents tièdes qui ébouriffaient les cannes-à-sucre il y a deux siècles soufflent encore au-dessus de Sainte-Marie ; les mêmes ombres pourpres s'allongent, se rétrécissent et virent avec la rotation du soleil. La sorcellerie de Dieu remplit encore tout le pays, et le cœur de l'étranger se laisse encore charmer par sa beauté. Les rêves de celui qui abandonne ce pays seront sûrement hantés, – comme furent les tiens, Père Labat, – par des souvenirs de cet été paradisiaque : le bond soudain de la lumière par-dessus les mille pics vers la gloire de l'aube tropicale, – la paix parfumée des immenses midis bleus, – les silhouettes des palmiers balancés par le vent dans le flamboiement des couchers de soleil gigantesques, – et le scintillement silencieux des grandes lucioles traversant la tiède obscurité à l'heure où les mères rappellent leurs petits enfants... *Mi fanal Pé Labatt ! – mi Pé Labatt ka vini pouend ou !*

LA GUIABLESSE

I

Dans presque tous les pays, la nuit amène à sa suite des mystères et des illusions qui terrifient certaines imaginations. Mais dans les tropiques et notamment à la Martinique, la nuit produit des effets particulièrement impressionnants et particulièrement sinistres. Certaines formes de végétation, surprenantes même à la lumière du soleil, assument dès le couchant une apparence effrayante, grotesque, indescriptible... Dans le nord, un arbre est simplement un arbre ; ici c'est une personnalité qui se fait sentir ; il possède une vague physionomie, un *Moi* indéfinissable. C'est un Individu, c'est un Être.

À mesure que la lune monte, des obscurités fantastiques venues des hauts bois descendent sur les routes, – sombres contorsions, moqueries et cauchemars, – procession interminable de fantômes. Moins effrayantes sont les ombres projetées par les différentes formes de palmiers, parce qu'on les reconnaît tout de suite. Et pourtant ces ombres-là prennent, elles aussi, la ressemblance de doigts géants qui s'ouvrent et se referment sur la route, – ou d'un grouillement noir d'araignées inconcevables.

Pourtant ces fantasmagories alarment rarement le bitaco attardé. Pour lui les obscurités qui s'avancent furtivement le long de la route n'ont point de signification horrible et ne s'adressent nullement à son imagination. Si tout à coup il tressaille, le regard fixe, ce n'est pas à cause de ces formes-là, mais parce qu'il vient d'apercevoir deux points lumineux, orangés, et qu'il n'est pas encore sûr si ce ne sont que des vers luisants ou les yeux d'un trigonocéphale. Les spectres de son imagination n'ont rien de commun avec ces frondaisons monstrueuses : ce qu'il redoute le plus, après le serpent mortel, ce sont les sortilèges humains. Un chiffon blanc, un vieil os placé à travers le chemin, sont peut-être des maléfices qui, s'il avait l'imprudence de marcher dessus, feraient enfler et se noircir sa jambe comme la patte d'un éléphant. Un paquet entouré de feuilles de plantain ou d'écorce de bambou, abandonné à l'orée de la route, contient peut-être la peau d'un *soucouyan*[1]. Cependant on exorcise par la prière l'Être Fantastique qui peut mettre et enlever sa peau à volonté, – et aussi le *zombi*, – et les *moun-mô.* Et les lampes des autels, le blanc scintillement des croix, rappellent continuellement au voyageur son devoir envers les Puissances qui sauvent. Tout le long de la route, à de petites distances les uns des autres, s'élèvent des autels. Et tandis qu'on est éclairé par le rayonnement d'une lampe placée dans une niche, on pourra distinguer, si la route est droite et plane, la lumière du prochain sanctuaire. Il y en a partout de ces lumières ; elles brillent à l'orée des bois, à l'entrée des ravins, sur les bords des précipices. Une croix se dresse sur le pic le plus élevé de l'île. Et le voyageur nocturne soulève son chapeau toutes les fois que ses pieds nus touchent le jaune rayon de lumière de l'autel illuminé d'une Vierge blanche ou d'un Christ blanc ; ce sont pour lui de bons compagnons spirituels. Il les salue, il leur parle, il leur raconte ses peines et ses craintes, et ils semblent le réconforter silencieusement tandis qu'il s'avance d'obscurité en obscurité, sous la fantasmagorie de ces bois qui se hérissent noirs comme de l'ébène sous les étoiles.

Et puis il a d'autres compagnons encore. À la Martinique,

1 Dans l'imaginaire fantastique antillaise, le « soucouyan » (l'orthographe habituelle est « soucougnan ») fait partie des « gens gagés » qui sont dans le pouvoir du diable. Le soucougnan prend la forme d'une boule de feu qui vole dans les airs et il accomplit ses méfaits surtout la nuit.

une des plus grandes terreurs de l'obscurité disparaît après le coucher du soleil ; c'est la terreur du silence... La nuit tropicale est pleine de voix : des peuplades extraordinaires de grillons se mettent à crisser ; les grenouilles d'arbre chantent ; le *cabri-des-bois* ou *chevreau des bois,* – qu'on appelle aussi *cra-cra*, – vous assourdit par le bêlement sifflant qui lui a valu son surnom créole.[i] Les oiseaux émettent des sons flûtés ; et tout ce qui brame, hulule, bourdonne ou caquette, prend part à ce chœur immense. Il vous semble presque voir les ombres vibrer sous la force de cet orage vocal. Aux tropiques, la vraie vie de la nature commence avec la nuit et s'achève avec le jour.

Et c'est peut-être en partie à cause de ces conditions que la venue de l'aube ne dissipe pas toutes les craintes du surnaturel. Le dicton : *I ni pé zombi menm gran jou,* « Il a peur des revenants même au grand jour », – ne paraît pas exagéré dans ces latitudes, du moins pas à celui qui sait quelles sont les conditions qui entretiennent ou qui inspirent ces croyances étranges. Dans la paix redoutable d'une journée tropicale, dans le calme des bois, dans le silence solennel des collines, brisé seulement par la voix des torrents qui ne parviennent pas à se faire entendre la nuit et même dans la luminosité surprenante, un je ne sais quoi de spectral et d'étrange semble peser sur le monde comme une hantise énorme.

La nature entière est tellement silencieuse qu'une parole un peu haute surprend désagréablement l'oreille, comme un éclat de rire dans un sanctuaire. Avec tout son luxe de couleur, avec toute sa violence de lumière, la journée tropicale possède pourtant sa fantasmagorie et ses fantômes. Et beaucoup de gens de couleur croient que vers midi, à l'heure où les boulevards extérieurs de la ville sont le plus déserts, les *zombis* apparaissent aux promeneurs solitaires.

II

... Ici il me vient un doute, – un doute concernant la nature précise d'un mot. J'appelle Adou pour qu'elle me l'explique. Adou est la fille d'une bonne vieille câpresse qui me loue la chambre que j'occupe dans cette petite chaumière au milieu des montagnes. La mère est presque couleur de cannelle ; la fille est d'une teinte plus brillante, couleur d'une orange mûre. Adou me raconte des histoires créoles et des *tim-tims*[1]. Adou sait tout concernant les fantômes et elle y croit. Et Yébé, le frère d'Adou, qui est si extraordinairement grand, et qui s'est fait mon guide à travers les montagnes, y croit également.

Adou, dis-je, qu'est-ce qu'un *zombi ?*

Le sourire qui découvrait les belles dents d'Adou disparaît instantanément. Et elle me répond, très sérieusement, qu'elle n'a jamais vu de *zombi* et qu'elle ne désire pas en voir.

Moin pa té janmain ouè zombi, – pa lè ouè ça, moin !

Mais, Adou, mon enfant, je ne vous ai pas demandé si vous en aviez jamais vu. Je voudrais simplement savoir ce que c'est ?

Adou hésite un peu, et puis elle me répond : *Zombi ? Mais ça fai désode la nuit, zombi !*

Ah ! C'est quelque chose qui fait du désordre la nuit ! Pourtant ce n'est pas là une explication bien satisfaisante.

Est-ce le spectre de quelqu'un de mort, Adou ?

Est-ce un revenant ?

Non, Missié, – non ; cé pa ça.

Pas ça !... Alors qu'avez-vous dit l'autre soir quand vous avez eu peur de passer le long du cimetière ? – *ça ou té ka di,* Adou ?

Moin té ka di : « Moin pa lé k'allé bô cimétiè-là pa ouappô moun-mô ; moun-mô ka barré moin : moin pa sé pé vini enco. »

---

1 Des devinettes.

(J'ai dit : Je ne veux pas passer près du cimetière à cause des morts : ils me barreraient le chemin et je ne pourrais plus revenir.)

Mais les morts sont-ils des *zombis,* Adou ?

– Non. Les *moun-mô* ne sont pas des *zombis.* Les *zombis* vont partout : les *moun-mô* demeurent dans le cimetière, excepté la nuit des morts : cette nuit-là ils rendent visite à leurs parents, – ils vont partout.

Adou, si lorsque toutes les portes sont verrouillées, lorsque toutes les fenêtres sont barrées, vous voyiez au milieu de la nuit une femme entrer dans votre chambre, – une femme haute de quatorze pieds...

Ah ! pa pàlé ça, !

Si ! Répondez-moi[1], Adou !

Eh bien, oui, ce serait un *zombi.* Ce sont les *zombis* qui, pendant la nuit, font tous ces bruits... Ou si je voyais un chien haut comme ça, – et elle leva la main à environ cinq pieds du sol, – entrer dans notre maison la nuit, je crierais : « *Mi zombi !* »

Puis tout à coup Adou se rappelle que sa mère sait des choses sur les *zombis.*

– *Ou, Manman !*

– *Eti !* répond la voix de la vieille Théréza, qui, à l'abri d'un petit hangar extérieur, prépare le repas du soir dans un canari de terre sur un feu d'anthracite.

Missié-là ka mandé save ça ça yé yonne zombi ; vini ti bouin... La mère rit, abandonne son canari et vient me raconter tout ce qu'elle sait d'un monde étrange.

– *I ni pè zombi.*

D'après les explications de la vieille Théréza, je comprends que cette phrase est aussi indéfinie que nos expressions presque

1 Le vouvoiement (choix du traducteur) est un peu inattendu dans ce contexte, étant donné qu'il s'agit d'un adulte qui s'adresse à un enfant.

aussi vagues : « la peur des revenants », « la peur de l'obscurité ». Mais le mot « zombi » a aussi des significations étranges et particulières.

Ou passé nans grand chimin la nuitt, épi ou ka ouê gouôs difé, épi plis ou ka vini assou difé-à pli ou ka oué difé-à ka mâché : cé zombi ka fai ça ... Encô, chouval ka passé, chouval ka ni anni toua patt : ça zombi. (Vous marchez sur la grande route la nuit, et vous apercevez un grand feu. Plus vous marchez vers ce feu, plus il s'éloigne : c'est le *zombi* qui fait ça. Ou bien si un cheval avec seulement trois pattes vous dépasse – c'est sûrement un *zombi* !)

– Quelle est la dimension du feu fait par le *zombi* ? je demande.

– Oh, il remplit la route, répond la vieille Théréza. On appelle ces feux-là les mauvais feux, – *mauva difé*, et si vous ne faites pas attention, ils vous conduiront dans des abîmes, – *ou ké tombé adans labîme.*

Et ensuite elle me raconte l'histoire suivante :

– Baidaux était un nègre qui habitait à Saint-Pierre dans la rue du Précipice. Il était fou, mais il n'était pas dangereux. Il ne faisait jamais de mal à personne. Sa sœur le soignait. Et ce que je vais vous raconter est vrai, – *cé zhistouè véritabe !*

Un jour Baidaux dit à sa sœur : *Moin ni yonne yche va ! – ou pa connaitt li !* (J'ai un enfant va, et tu ne le connais pas !) Cette fois-là sa sœur ne fit pas attention à ce qu'il disait. Mais le lendemain il répéta les mêmes paroles, et aussi le surlendemain et tous les jours qui suivirent. De sorte que sa sœur finit par en être très agacée et elle lui criait :

– Ah ! mais pé guiole ou, Baidaux ! ou fou pour embêté moin conm ça ! Ou bien fou !

– Cependant il continua à la tourmenter ainsi pendant des mois et des années. Or, un soir il sortit et revint seulement à minuit. Il tenait un enfant par la main, un négrillon qu'il avait ramassé dans la rue. Et il dit à sa sœur :

Mi yche-là moin mené ba ou ! Tou léjou moin té ka di ou moin fini yonne yche ; ou pa tè lé coué, – eh ben ! mi y ! (Regardez l'enfant que je vous ramène. Tous les jours je vous ai dit que j'avais un enfant ; vous ne vouliez pas me croire : eh bien, regardez-le !)

La sœur lui jeta un regard et s'écria : *Baidaux, oti ou pouend yche-là?* Car l'enfant devenait plus grand à chaque instant !

Et Baidaux, parce qu'il était fou, répétait toujours : *Cé yche-moin ! cé yche moin !* (C'est mon enfant.)

Effrayée, sa sœur ouvrit grand les volets, et cria aux voisins : « *Sécou ! sécou ! sécou ! Vini oué ça Baidau mené ba moin !* (Au secours ! Au secours ! venez voir ce que Baidaux m'a ramené !)

Alors l'enfant dit à Baidaux :

– *Ou ni bonhé ou fou !* (Vous avez de la chance d'être fou.)

Puis tous les voisins accoururent, mais ils ne virent rien car le *zombi* avait disparu.

III

… Oui, à la Martinique les heures de la lumière la plus éclatante ont leur étrangeté ; et je désire parler de ce Quelque chose qui apparaît sous le regard du soleil, même en plein midi, alors que les impressions d'un voyage matinal au lieu présumé de sa dernière apparition demeurent encore fraîches à ma mémoire.

Vous suivez la route de montagne qui va de Calebasse par de longues étendues de prairies, à deux mille pieds au-dessus du niveau de la mer, jusqu'aux bois de la Couresse. Là elle commence à descendre très lentement, par de grands lacets, à travers des profondeurs d'ombres vertes. Puis, à un détour, vous découvrez tout à coup une vallée cultivée à travers le feuillage léger des fougères arborescentes. Au-dessous, le sol ressemble presque à un lac d'une eau vert doré, – surtout lorsque les longs souffles du vent des montagnes font onduler les lieues de cannes à sucre qui mûrissent d'un bout à l'autre de la vallée. L'illusion n'est rompue que par la route sinueuse frangée de jeunes cacaotiers, qui franchit la plaine lumineuse. À l'est, à l'ouest et au nord, l'horizon est presque entièrement caché par le vallonnement des collines ; les plus rapprochées ont des formes douces et sont d'une verdure exquise ; derrière elles et les dominant, des ondulations plus élevées prennent une teinte plus embrumée et des ombres plus foncées ; et plus loin encore, s'élèvent des silhouettes bleues ou violettes desquelles surgit une cime merveilleuse en forme de sein ; à l'ouest, dominant même le Piton, on voit un amoncellement de formes prodigieuses, ridées, fissurées, cornues et d'une hauteur fantastique.

Telles sont les teintes du matin... Ça et là, entre les crevasses dans la chaîne volcanique, le sol se creuse en des gorges et s'effondre en des ravins. Et dans ces intervalles, flamboie le grand disque turquoise de la mer. Au sud, les grands bois, percés par le sentier qui descend en serpentant, limitent la vue…

Vous n'apercevez les bâtiments de la plantation que lorsque vous êtes parvenu à une certaine distance dans la vallée, – ils sont cachés par un repli de la terre, et se pelotonnent dans un petit creux, au tournant de la route. Ils se composent d'un grand quadrilatère d'édifices bas et gris, à l'aspect ancien, aux murs et aux arcs-boutants puissants, aux toits de tuiles rouges. La cour formée ainsi donne sur la route principale par une immense grille. Plus loin des ajoupas bordent le chemin ; ce sont les habitations des laboureurs, de minuscules *cottages* construits avec les troncs des fougères arborescentes ou des tiges de bambou, et recouverts de paille de canne ; chaque ajoupa est entouré d'un petit jardin planté de bananiers, de yams[1], de

1 S'agit-il ici d'un de ces effets de style commentés plus haut (à la page

couscous, de camanioc, de choux-caraïbes, et clôturé par une haie de roseaux d'Inde et d'autres arbustes à fleurs.

Et au delà, de chaque côté, s'étendent à perte de vue les solitudes chuchotantes des champs de canne à sucre, la route blanche et silencieuse qui se déroule entre des cacaotiers ondulants, – et les cimes des collines qui semblent glisser devant soi à mesure qu'on s'avance, et qui prennent dans la clarté plus profonde de l'après-midi une couleur d'améthyste, comme si elles allaient devenir transparentes !

IV

C'est un midi étouffant et sans nuages. Sous l'averse éblouissante de lumière, une fumée bleue semble s'élever des collines, une sorte de mince brouillard jaune auréole les lieues de cannes qui mûrissent, tel un immense reflet. Les palmiers bordant les routes tiennent leur tête immobile, comme s'ils écoutaient. Les cannes à sucre ne laissent pas échapper le moindre susurrement. Elles sont rarement d'une tranquillité aussi absolue ; même par les journées les plus calmes on y perçoit des bruissements, de minces craquements et de légers crépitements : bruits qui trahissent le passage d'un petit animal, ou d'un reptile, rat ou manicou, un zanoli ou une couresse. Le plus souvent, ce n'est pas un lézard ou un serpent inoffensif qui se glisse ainsi, mais le *fer-de-lance* mortel. Aujourd'hui tous ces animaux semblent dormir. Parmi la canne aucun travailleur n'est occupé à arracher les herbes folles, ni à déraciner le *pié-treffe, le pié-balai, le pié-poule,* la *zhèbe-en-mé...*

C'est l'heure du repos.

Une femme s'avance le long de la route : elle est jeune, très

---

21, dans la note 1), ou bien d'un simple anglicisme ? « Yam » se traduit par « igname » (« zigname » en créole).

brune, très grande ; elle est nu-pieds et vêtue de noir. Elle est coiffée d'un haut turban blanc, à rayures sombres, et un foulard blanc enserre négligemment ses belles épaules ; elle ne porte aucun fardeau et elle marche très vite et très silencieusement... Les mouvements de tous ces êtres aux pieds nus sont aussi silencieux que l'ombre. Sur un tranquille sentier des montagnes plein de sinuosités, où vous vous croyez seul, vous serez souvent effrayé de sentir quelqu'un derrière vous ; vous le devinez plutôt que vous ne l'entendez : pas assourdis, mouvements élastiques d'un long corps souple, muettes sourdes oscillations de vêtements. Et avant même que vous puissiez vous retourner pour regarder, l'apparition vous dépasse rapidement, en vous adressant la salutation créole : *bonjou, Missié !* ou *bonsouè, Missié !*

Cette soudaine conscience en plein jour d'une invisible présence vivante est même plus troublante que la sensation qui, dans l'obscurité absolue, vous oblige à vous arrêter, sans respiration, devant de grands objets solides, dont la proximité ne vous a été révélée que par quelque émanation muette et aveugle de leur seule force.

Mais il est très rare que le nègre ou le métis soit surpris ainsi. Il semble deviner la venue de quelqu'un grâce à un instinct particulier ; comme un animal, il paraît être conscient d'un regard dirigé vers lui de n'importe quelle distance, ou derrière n'importe quel couvert. Il est presque impossible de passer inaperçu dans les limites de sa vision aiguë.

L'approche de cette femme a déjà été observée par tous les habitants des ajoupas ; des visages sombres la regardent venir de toutes les portes et de toutes les fenêtres ; un laboureur à demi nu s'avance nonchalamment sur le bord de la route dans le soleil pour la voir s'approcher. Il la regarde un instant et puis se tournant vers la hutte, il appelle :

– Ou-ou ! Fafa !

– Eti ! Gabou !

– *Vini ti bouin ! – mi bel négresse !*

Fafa sort en courant, son grand chapeau de paille à la main.

– *Oti, Gabou ?*

– *Mi !*

– *Ah ! quimbé moin !* s'écrie Fafa avec enthousiasme ; *fouinq li bel ! Jésis-Maïa, li doux !...*

Ni l'un ni l'autre n'a jamais vu de femme pareille auparavant, et ils ne se lassent pas de l'admirer.

Il y a quelque chose de superbe dans le port d'une jeune « griffonne » des montagnes, qui est jolie et qui le sait. C'est un sombre poème de dignité naïve, de grâce primitive, de sauvage exaltation de mouvement... *Ou marché tête en lai conm coresse qui ko passé larivié.* (Vous marchez la tête en l'air comme le serpent couresse qui traverse une rivière à la nage.) Cette comparaison créole évoque parfaitement la pose du cou et du menton d'une jeune négresse. Sa marche a également une élégance serpentine, un charme sinueux.

Les épaules ne se balancent pas ; le torse cambré paraît immobile ; mais une ondulation indescriptible semble passer de la taille aux talons et des talons à la taille à chacun de ses longs pas, tandis que les plis de sa robe flottante oscillent à droite et à gauche sous le balancement libre de ses hanches. Chez nous, seule une danseuse professionnelle pourrait tenter pareille démarche ; chez la femme de couleur de la Martinique cette démarche est aussi naturelle que la teinte de sa peau ; cette séduction de mouvements parfaitement libres est plus marquée chez celles qui n'ont jamais porté de souliers, et qui sont vêtues très légèrement, comme les femmes antiques, de deux vêtements très minces, – une chemise et une *robe d'indienne.*

Mais d'où vient celle qui s'avance seule sur la route, – de quel canton ? Elle n'est ni de Vauclin, ni de Lamentin, ni de Marigot, ni de Case-Pilote, ni de Case-Navire : Fafa connaît tous les habitants de ces villages. Elle n'appartient pas non plus à Sainte-Anne, ni à Sainte-Luce, ni à Diamant, ni à Gros-

Morne, ni à Carbet, où Gabou est né. Elle n'habite pas davantage au village des Abîmes qui est dans la paroisse du Prêcheur, ni à Ducos, ni à François qui font partie de la Commune du Saint-Esprit...

V

Elle s'approche de l'ajoupa : les deux hommes enlèvent leurs grands chapeaux de paille, et ils la saluent ensemble.

– *Bonjou, Manzelle.*

– *Bonjou, Missié*, répond-elle dans un alto sonore. Elle ne paraît pas remarquer Gabou, – mais elle sourit à Fafa en passant, et le dévisage de ses grands yeux. Tout le sang libertin du jeune homme s'enflamme sous ce regard, et il se sent comme environné d'un flamboiement d'éclairs noirs.

– *Ça ka fai moin pè,* s'écrie Gabou se retournant vers l'ajoupa. Quelque chose d'indéfinissable dans le regard de l'étrangère l'a terrifié.

– *Pa ka fai moin pè-fouinq*! (Elle ne me fait pas peur à moi), répondit Fafa en riant et en suivant hardiment la femme avec un sourire de vantardise.

– *Fafa !* s'écrie Gabou alarmé, *Fafa, pa fai ça !* Mais Fafa ne l'écoute pas. L'étrangère a ralenti le pas comme si elle l'invitait à la suivre, et un moment plus tard il est à ses côtés.

– *Oti ou ka rété, chê*[ii] ? demande-t-il avec la hardiesse de celui qui se sait beau garçon.

– *Zaffai cabritt pa zaffai lapin*, répond-elle moqueuse.

– *Mais pouki ou rhabillé toutt nouè conm ça ?*

– *Moin pôté deil pou name moin mô.*

– *Aïe ya yaïe !... Non, voué ! – ça ou kallé atouèlement ?*

– *Lanmou pàti : moin pàti deïé lanmou.*

– *Ho ! – ou ni guêpe, anh ?*

– *Zanoli bail yon bal ; épi maboya rentré ladans.*

– *Dimoin oti ou kallé, doudoux ?*

– *Jouq larivié Lezà.*

– *Fouinq ! – ni plis passé trente kilomett !*

– *Eh ben? – ess ou lè vini épi moin ?*

Et tout en lui posant cette question, elle s'arrête et le regarde. Sa voix n'est plus moqueuse ; elle a pris un ton doux comme la longue note dorée d'un petit oiseau brun qu'on appelle le *siffleur de montagne*... Et pourtant Fafa hésite. Il entend le tintement clair de la cloche de la plantation qui le rappelle au devoir ; il aperçoit au loin sur la route ensoleillée, – *Ouill !* comme ils ont marché vite, – un petit point blanc et noir : Gabou qui pousse dans ses mains jointes en creux le *ouklé,* ou cri de ralliement. Il songe un instant à la colère du régisseur, à la distance, à la route blanche qui poudroie dans la chaleur mortelle, puis il rencontre une deuxième fois le regard de l'étrangère et il répond :

– *Oui, moin ké vini épi ou.*

Elle reprend son chemin avec un nouvel éclat de rire malicieux auquel Fafa se joint... Il marche à ses côtés. Et Gabou, dans le lointain, les regarde s'éloigner et s'étonne que pour la première fois depuis qu'ils travaillent ensemble, son compagnon ne réponde pas à son *ouklé.*

– *Comment yo ka crié ou, ché* ? demande Fafa, curieux de savoir son nom. (Comment t'appelles-tu, chère ?)

– *Châché nom moin ou-menm, duvinè.*

Mais Fafa ne sait pas deviner, – il n'a jamais su deviner le plus simple des *timtims* ou énigmes.

– *Ess Cendrine* ?

– *Non, cé pa ça.*

– *Ess Vitaline* ?

– *Non, cé pa ça.*

– *Ess Nini ?*

– *Châché enco.*

– *Ess Tité ?*

– Ou pa save, – tant pis pou ou!
– Ess Youma ?
– Pouki oulé save nom moin ? – ça ouké fai épi y?
– Ess Yaiya ?
– Non, cé pas y.
– Ess Maiyotte ?
– Non ! ou pa ké janmain trouvé y !
– Ess Sounoune ? – ess Loulouze ?

Elle ne répond point mais hâte le pas, et se met à chanter comme chante l'Africain et non le métis. Elle commence par une longue intonation bizarre, qui se rompt tout à coup en des fractions de notes inexprimables, et puis s'élève brusquement jusqu'à un gazouillis liquide et perlé d'oiseau, pour retomber brusquement à la première mesure profonde et frémissante :

A té –
moin ka dômi toute longue ;
Se fai moin bien
Yon daillasse
Doudoux !
A té –
moin ka dômi toute longue ;
Yon robe biésé se fai moin bien,
Doudoux !

A té –
moin ka dômi toute longue ;
Dé jolis fouà se fai moin bien,
Doudoux !

A té –
moin ka dômi toute longue ;
Cé à té...

Dès le début Fafa a dû allonger le pas pour ne pas se laisser dépasser par la belle négresse. Pourtant ses forces l'ont trahi et il ne peut la suivre. Déjà ses légers vêtements sont saturés de sueur, sa respiration est presque un halètement ; pourtant la peau basanée de sa compagne est toujours lisse et sèche : son pas rythmique, sa respiration silencieuse ne révèlent aucun effort. Elle rit de le voir s'acharner désespérément pour se maintenir à ses côtés.

– *Marché toujou déié moin, – anh ché ? – marché toujou déié !*

Et le retardataire involontaire, tout à fait ensorcelé par la souple séduction des mouvements de la femme, par la flamme sombre de son regard, par la mélodie sauvage de son chant, se demande avec une curiosité de plus en plus vive qui elle peut être, tandis qu'elle l'attend avec son sourire moqueur.

Mais tout à coup, Gabou, qui les a suivis et qui les regarde de loin, faisant résonner de temps à autre son *ouklé* inutile, tressaille. Il s'arrête, fait demi-tour, retrace son chemin en faisant à chaque pas le signe de la croix...

Il a vu le sige par lequel *Elle* est connue...

VI

... Personne ne l'a jamais vue la nuit. Elle apparaît au moment où le soleil est le plus haut dans le ciel ; elle s'avance dans le silence mort et dans le flamboiement blanc des midis immobiles, alors que les couleurs semblent prendre une intensité surnaturelle, alors que même le scintillement d'un colibri à la gorge de flamme vivante, dardant ça et là parmi les fleurs de la grenadille, semble un événement spectral à cause de la grande extase verte où est plongé tout le pays.

Elle hante surtout les routes de campagne qui serpentent de plantation en plantation, dominant parfois la mer azurée et parfois ombragée par des mornes dont les hauts bois montent jusqu'au ciel.

Mais elle se promène quelquefois tout près des villes ; on l'a aperçue en plein midi sur la grande route qui surplombe le cimetière du Mouillage derrière la cathédrale de Saint-Pierre... C'est une femme noire, simplement vêtue, de taille élevée, et d'une beauté étrange, qui se tient silencieuse, ses regards fixés sur le soleil !

VII

Le jour baisse. À l'ouest le gris perlé des hauteurs lointaines se mue en un bleu profond là où le ciel jaunit derrière elles ; et dans les ravins qui s'obscurcissent des mornes les plus proches, des ombres étranges s'assemblent avec le changement de la lumière, – des indigos morts, des pourpres cendrés, des rubifications qui ressemblent à celles de scories, anciennes couleurs volcaniques qui ressuscitent pour un instant dans la brume illusoire du crépuscule. Et le fauve des cannes à sucre prend un chaud ton rougeâtre. Sur les flancs de certains côteaux éloignés, elles ressemblent à de minces cheveux dorés se dressant contre le flamboiement, – à un duvet blond sur la peau des collines vivantes.

Et la femme et son suivant marchent toujours ensemble ; ils bavardent bruyamment, ils rient et chantent parfois des refrains de chansons. Ils ont laissé la vallée loin derrière eux ; ils gravissent la route inclinée qui traverse les cimes de l'ouest, à travers des bois qui étouffent sous leurs fardeaux de plantes parasites. L'ombre de la femme et l'ombre de l'homme s'élargissant sous leurs pieds, s'allongeant de façon prodigieuse, se confondant parfois, remplissent tout le chemin, et s'élèvent aux tournants comme pour grimper aux arbres. D'immenses masses de feuillage, qui accrochent la lumière qui s'éteint, prennent d'étranges couleurs flamboyantes ; et le rebord du soleil touche presque une des bosses violettes dans la procession des silhouettes volcaniques de l'ouest...

Dans les tropiques, le couchant est encore plus vaste que l'aurore. L'aube qui s'enflamme rapidement de la mer ne s'annonce pas par une rougeur ou par une floraison effrayante comme dans le nord ; ses nuances les plus belles sont des tonalités brunes, des couleurs de tourterelle et des jaunes, – des jaunes pâles, comme du vieil or mort, qui teintent l'horizon et la mer. Mais lorsque la chaleur puissante de la journée a chargé tout l'air bleu d'une vapeur translucide, les couleurs se transforment et se magnifient étrangement quand le soleil disparaît de nouveau hors de vue. Presque une heure entière avant sa mort, sa lumière semble changer de ton et l'horizon entier devient d'un jaune de citron. Puis ce ton s'approfondit et devient orangé en passant par des nuances d'une magnificence indescriptible, et la mer devient lilas. Pour un instant très court l'orange est la lumière du monde ; et comme le soleil disparaît il est remplacé par une obscurité indigo qui ne descend pas mais s'élève plutôt comme si elle sortait du sol... Tout cela se passe en quelques instants et, pendant ces brèves minutes, les pics et les mornes s'empourprent et s'obscurcissent en un noir riche et velouté, et se détachent contre des embrasements qui montent presque au zénith, énormes furies vermeilles.

La femme quitte tout à coup la grande route et se met à gravir un étroit sentier très raide conduisant aux bois sur sa gauche. Mais Fafa hésite : il s'arrête un instant pour regarder en arrière. Il voit disparaître la grande face orange du soleil, – il voit l'irréelle procession des pics qui se revêtent d'une obscurité funéraire, – et au delà il voit le flamboiement rutiler jusqu'à l'effroi. Et une crainte indéfinie l'étreint lorsqu'il regarde le sentier sombre sur sa gauche... Où se dirige-t-elle maintenant ?

– *Oti ou kallé là ?* s'écrie-t-il.

– *Mais conm ça ! – chimin tala plis cou't, – coument* ?

C'est peut-être le chemin le plus court... mais alors, le fer-de-lance ?

– *Ni sépent ciya, – en pile.*

Non, assure-t-elle, il n'y a pas un seul serpent. Elle a pris ce sentier trop souvent pour ne pas en être certaine.

– *Pa ni sèpent piess ! Moin ni coutume passé là ; – pa ni piess !*

Elle lui montre le chemin. Derrière eux l'immense flamboiement s'approfondit ; devant eux s'étend la pénombre. Ils distinguent à peine sur leur passage les énormes formes tordues de *ceiba,* de *balata* et d'*acoma ;* les masses de plantes grimpantes prennent dans le jour baissant un ton sanguin. Fafa distingue encore quelques instants devant lui la silhouette de la femme : – ensuite comme les lacets du sentier se perdent dans l'ombre, il ne voit plus que son turban et son foulard blancs. Et puis les branches se rejoignent au-dessus d'eux : il ne la voit plus du tout et il s'écrie, saisi de terreur :

– *Oti ou ? Moin pa pé oué arien !*

Des branches pendantes et fourchues se traînent glacées sur son visage. D'immenses lucioles passent en scintillant comme des atomes de charbon incandescent, emportés par le vent.

– *Icitt ! – quimbé lanmain-moin !*

Comme la main qui le guide est froide !... La femme marche vite comme si elle connaissait le chemin par cœur. Le sentier décrit de nouveau de grands lacets. Le ciel rougeoie toujours entre les troncs des arbres. Au-dessus d'eux la haute voûte de feuillage se fend et révèle les premières étoiles. Un *cabri-boi* attaque sa complainte nocturne.

La femme et Fafa sont parvenus au sommet du morne, sous le ciel clair.

Maintenant les bois sont à leurs pieds. Le chemin se prolonge vers l'est à travers une longue oscillation de fougères toutes noires dans l'obscurité, comme à travers une ondulation de prodigieuses plumes noires. Là-bas, des hauteurs plus élevées surgissent encore vaguement. Et d'un abîme invisible, un bruit sourd et précipité monte dans la nuit... Est-ce le murmure d'eaux courantes ou seulement une tempête de voix d'insectes qui s'élève de ces ravins au fond desquels la nuit commence ?

Le visage de la femme est dans l'ombre : et le regard de Fafa est tourné vers le ciel occidental. Il lui tient toujours la main, – il la caresse et lui murmure quelque chose à voix basse.

Ess ou ainmein moin conm ça ? demande-t-elle presque dans un soupir.

Oh ! oui ! oui !... il l'aime plus qu'aucun être humain. Combien ?... Oh ! beaucoup : *gouos conm caze !...* Mais elle semble douter de ses paroles, et elle continue de répéter sa question :

– *Ess ou ainmein moin ?*

Et tout le temps, – doucement, imperceptiblement, – elle l'attire avec des câlineries, un peu plus près du bord de la route, plus près du noir frémissement des fougères, vers le grand bruit sourd qui s'élève au delà...

Ess ou ainmein moin ?

Oui, oui ! répond-il, *ou save ça ! – oui, ché doudoux, ou save ça !*

Alors soudain elle se tourne vers lui et vers la lueur rouge, et lui montrant l'horreur spectrale de son visage transformé, elle s'écrie avec un éclat de rire hideux :

– *Ato bo !* (Embrasse-moi.)

Maintenant il devine son nom, – mais presque aussitôt affolé par sa vue il chancelle, recule, tombe en arrière et va se fracasser à deux mille pieds plus bas sur les rochers d'un torrent des montagnes.

Saint-Pierre, Place Bertin

LA VÉRETTE

I

Saint-Pierre, 1887

Heureux celui qui, rentrant en ville à son retour de la campagne pendant la saison du Carnaval, trouve à louer des chambres confortables ! J'ai la chance d'en avoir déniché une dans une rue un peu retirée, et si escarpée qu'il est vraiment dangereux d'éternuer en la descendant, de crainte de perdre l'équilibre et de dégringoler de l'autre côté de la ville. Ce n'est pas une rue élégante que la rue du Morne Mirail ; mais après tout il n'y a pas de rue particulièrement élégante dans cette ville extraordinaire, et plus le voisinage est pauvre, plus on a des chances de se renseigner sur l'humanité de ce pays.

Ce qui me console, c'est que ma voisine immédiate est Manm Robert, qui vend les meilleurs *bouts* de la ville (ces longs cigares martiniquais que l'étranger apprend si vite à apprécier). Manm Robert vous racontera plus de légendes du temps jadis et plus d'étranges histoires de cette île que personne d'autre de ma connaissance. Manm Robert est *yon machanne lapacotte* ; elle vend des aliments bon marché dont se nourrissent les pauvres : fruits et légumes tropicaux, farine de manioc, *macadam,* singulier mets de riz bouilli et de poisson salé *(diri épi coubouyan Lamori),* etc. Mais sans doute ses *bouts* lui rapportent-ils les plus grands bénéfices, car ils sont tous achetés par des *békés.* Manm Robert est aussi une sorte de médecin : quand quelqu'un du voisinage tombe malade, c'est elle qu'on envoie chercher. Elle répond à tous les appels et guérit parfois, car elle connaît les herbes médicinales et leurs usages, et elle les cueille elle-même sur les Mornes. Mais elle n'accepte aucune rémunération pour ses services ; c'est la mère des pauvres de tout son voisinage. Elle aide tout le monde, elle console chacun, elle a confiance en tous, et elle contemple le côté ingrat de la nature humaine sans paraître s'en émouvoir outre mesure. Elle doit être très pauvre, mais elle paraît toujours avoir tout ce qu'on désire, et elle prête à ses voisins tout ce qu'ils veulent, sauf des ciseaux ou un balai, ce qui lui porterait malheur. Et enfin, si quelqu'un a peur d'être ensorcelé (*quimboisé*), Manm Robert lui donnera quelque chose qui éloignera le charme.

II

15 février

Mercredi des Cendres – La dernière mascarade sortira cette après-midi, car, à la Martinique, le Carnaval dure un jour de plus qu'ailleurs.

Dans toutes les campagnes, depuis la première semaine de janvier, des réjouissances échevelées ont eu lieu chaque dimanche : des danses sur les routes publiques au battement de tam-tams, des danses africaines qu'on ne voit jamais à Saint-Pierre. Cependant en ville il y a eu moins de réjouissances cette année que les années précédentes. La gaîté naturelle de la population a été visiblement affectée par la venue d'une visiteuse terrible jusqu'alors inconnue[1] dans l'île : – *la Vérette*. Elle vint par navire de Colon.

... C'était en septembre. Deux cas seulement avaient été signalés quand toutes les colonies britanniques avoisinantes mirent la Martinique en quarantaine. Puis d'autres colonies des Antilles suivirent leur exemple. Seulement deux cas de petite

1 « Unfamiliar», donc « peu connue ».

vérole. Mais, aux protestations indignées, les gouverneurs et les consuls répondirent : « Il y en aura peut-être deux mille dans un mois. »

Parmi les populations des Antilles, cette maladie prend une signification inconnue en Europe et aux États-Unis : c'est un fléau exterminateur.

Deux mois plus tard la petite capitale de Fort-de-France était balayée par le mal comme par le vent de la mort. Puis l'épidémie s'étendit. Elle pénétra à Saint-Pierre en décembre, vers la Noël. La semaine dernière 173 cas étaient signalés, et une épidémie sérieuse est presque inévitable. Il n'y a que 8.800 habitants à Fort-de-France. Il y en a 28.000 à Saint-Pierre même, sans compter les faubourgs, et nul ne peut prédire les ravages que le mal y fera.

III

Trois heures : il fait chaud et clair... Dans le lointain résonne un bruit lourd de tambours : tam ! tam ! tam ! tam ! tam !... La Grande-Rue est remplie d'une foule qui attend, et la petite place de la Batterie d'Esnotz est rempli de *békés. Tam ! tam ! tam ! tam ! tam !* Dans notre rue les gens commencent à se rassembler sur le pas des portes, ou à se pencher aux fenêtres, se préparant à descendre jusqu'à la voie principale dès qu'ils apercevront la procession.

– *Où masque-à?* (Où sont les masques ?)

C'est la voix de la petite Mimi ; elle parle pour elle et pour deux autres enfants qui sont tout aussi préoccupés de savoir où sont les masques. Maurice, son petit frère aux yeux bleus, aux cheveux blonds, âgé de trois ans ; et Gabrielle, sa petite sœur de quatre ans, sa cadette de deux années.

Chaque jour je les ai observés tous les trois jouant sur le seuil de la maison d'en face, de l'autre côté de la rue. Mimi, avec sa brillante peau blanche, ses cheveux noirs et ses yeux sombres si rieurs, est certainement la plus jolie. N'étaient les beaux cheveux bruns de la mère généralement cachés par un foulard violet, on les prendrait certainement pour des enfants blancs. Or certains petits enfants, qui sont blancs comme tout le monde[1], vivent pas loin d'ici dans une rue beaucoup plus silencieuse et dans une maison riche, pleine de domestiques, et ces enfants ressemblent à ceux-ci comme une *fleur d'amour* ressemble à une autre. Il y a même une autre Mimi (mais qui ne s'appelle pas ainsi chez elle) et qui ressemble cependant à la Mimi de ma rue au point qu'on ne peut les distinguer l'une de l'autre, sauf à leurs vêtements. Et la Mimi qui porte des souliers de satin blanc conserve le souvenir de la punition douloureuse qu'on lui infligea lorsqu'on la découvrit en train de jouer avec la Mimi qui va nu-pieds. Quelle malchance les avait réunies ! Et le pis, c'est qu'elles s'étaient tout de suite aimées, à première vue ! Non pas que l'autre Mimi ne puisse pas parler à des gentilles petites filles de couleur de son âge : mais il y a des circonstances... Ce n'était pas parce que les autres enfants dont je parle fussent plus jolis ni plus gentils, ni plus intelligents que ceux qui jouent devant mes yeux. C'était simplement que la nature humaine n'a guère changé depuis le jour où Agar connut la haine de Sara et qu'Abraham en conçut de la peine à cause de son fils.

Le père de ces enfants les aimait beaucoup ; il leur avait donné un *home,* – une maison dans le quartier du Fort, – avec une rente de deux cents francs par mois. Il mourut, croyant que leur avenir était assuré. Cependant des parents attaquèrent son testament, et, grâce à d'habiles avocats, ils eurent gain de cause. Ysore, leur jeune mère, se trouva sans foyer, sans argent, avec trois enfants à nourrir – mais elle était brave. Elle

1 « Whom everyone knows to be white » (qui sont blancs aux yeux de tout le monde, ou que tout le monde sait blancs).

abandonna pour toujours le costume des classes supérieures ; elle adopta la douillette et le foulard, – ce costume qui est comme l'aveu de la race, et elle se mit au travail. Elle est encore jolie et si blanche qu'elle semble s'être déguisée dans cette longue robe flottante et cette coiffure violette...

– *Vini oué ! vini oué !* criaient les enfants en s'interpellant (Venez voir).

Les tambours se rapprochent ; tout le monde court vers la Grande-Rue...

IV

Tam ! Tam ! Tam ! Tam ! Tam !... De la Batterie d'Esnotz le spectacle est intéressant. Tout en haut de la rue Peysette, tout en haut de toutes les rues escarpées qui gravissent les mornes, apparaît une masse lointaine aux couleurs éclatantes : la foule des masques aux atours rose, bleu et soufre... Et alors quelle dégringolade ! Quels sauts, quels bonds, quelle cascade de couleurs, à mesure que les troupes de gens descendent en ville ! Simultanément du nord et du sud, du *mouillage* et du Fort, deux immenses cortèges pénètrent dans la Grande-Rue: ce sont deux grandes sociétés de danse rivales, les *Sans-Souci* et les *Intrépides,* qui composent et qui chantent des chansons de carnaval, – en général de cruelles satires, dont le sens local est inintelligible pour ceux qui ignorent l'incident qui a inspiré l'improvisation aux mots trop souvent grossiers ou obscènes, et dont les refrains seront répétés dans tous les bourgs de l'île. Car tout vils que peuvent être le motif, la satire et la malice, ces chants se perpétuent pendant plusieurs générations à cause de la beauté singulière de leurs mélodies. Et la victime d'une chanson de carnaval ne peut espérer qu'on oubliera jamais son forfait ou son erreur. On les célébrera encore longtemps après qu'il sera enterré !

Dix minutes plus tard, toute la longueur de la rue est envahie par une légion de masques, qui hurlent, crient, rient et gesticulent. La cohue devient de plus en plus dense ; les tambours se sont tus : tous attendent le signal de la danse générale. Partout on se fait des farces et des tours ; il s'élève un vaste brouhaha composé de cris, de rires, de bavardages. Ça et là on chante des refrains d'une chanson de Carnaval : *Cambronne ! Cambronne !* ou *Ti femn-là, li doux, li doux, li doux...* (La petite femme est plus sucrée que du sirop.) On se souviendra de ce refrain alors que le reste de la chanson sera passé de mode. Hors de la foule des masques, des mains brunes se tendent pour tirer les barbes ou caresser les visages des spectateurs blancs... *Moin connaitt ou ché ! Moin connaitt ou doudoux ! Ba moin li d'mi franc !* Il est sage de refuser le demi-franc, bien que vous ne sachiez pas ce que ces masques peuvent se mettre en tête de faire aujourd'hui ! Puis tous les tambours se mettent à battre ensemble ; tous les orchestres attaquent en mesure ; la folle cohue se reforme vivement en un ordre quelconque, et l'immense danse processionnelle commence. Du *Mouillage* jusqu'au Fort ce n'est qu'un torrent continu de sons et de couleurs. Vous êtes ahuri par les coiffures pointues jetées en l'air, par les mains qui s'agitent, par les pieds qui trépignent : et tout cela passe dans un grand balancement, dans une oscillation régulière de droite à gauche... Il faudra au moins une heure pour que tous défilent, et c'est une heure qui mérite d'être vécue. Orchestre après orchestre passe en tourbillonnant : les musiciens portent tous des vêtements de femmes, ou des habits de moines couleur canari ; devant eux les danseurs dansent à reculons dans un mouvement pareil à celui de patineurs. Derrière eux tout le monde bondit et agite les mains comme en poursuite. La plupart des fanfares jouent des airs créoles, mais celui des *Sans-Souci* attaque la mélodie de la dernière chanson française en vogue :

Petits amoureux aux plumes,
Enfants d'un brillant séjour,
Vous ignorez l'amertume,
Vous parlez souvent d'amour,
Vous méprisez la dorure,
Les salons et les bijoux,
Vous chérissez la nature,
Petits oiseaux, becquetez-vous !

Voyez là-bas dans cette église
Auprès d'un confessionnal,
Le prêtre qui veut faire croire à Lise
Qu'un baiser est un grand mal...
Pour prouver à la mignonne
Qu'un baiser bien fait, bien doux,
N'a jamais damné personne,
– Petits oiseaux, becquetez-vous !

Tout le monde semble savoir cette chanson par cœur ; on entend de petits enfants de cinq ou six ans qui la chantent, mais c'est certainement sa mélodie plutôt que ses paroles qui lui vaut sa popularité...

V

Des choses extraordinaires ont lieu dans les rues où passe la procession. Des femmes atteintes du fléau de la petite vérole se lèvent de leurs couches pour se costumer et masquer leurs visages que la hideuse maladie a déjà rendus méconnaissables ; elles sortent en chancelant se joindre aux danseurs... Ceci se passe dans la rue de Longchamps, dans la rue Saint-Jean de Dieu, dans la rue Peysette et dans la rue du Petit-Versailles. Et dans la rue Sainte-Marthe, il y a trois jeunes filles atteintes de la maladie qui, entendant les sons des cors et le rythme des pieds et des mains qui battent en mesure, se lèvent pour regarder passer la mascarade par les lattes de leurs volets : tout à coup la passion créole de la danse les étreint. « *Ah,* s'écrie l'une d'elles, *nou ké bien améusé nous ; c'est zaffai si nou mé.* (Nous allons bien nous amuser : qu'importe si nous mourons après !) »

Et toutes trois se masquent, rejoignent la procession et la suivent en dansant jusqu'à la Savane par-dessus le pont de la rivière jusqu'aux rues hautes du Fort en semant la contagion autour d'elles !... Et ceci n'est pas un exemple extraordinaire : dans les rangs des danseurs se trouvent plus d'un *vérettier.*

VI

... Les costumes sont un peu décevants, bien que certaines caractéristiques générales de la mascarade ne soient pas dénuées de pittoresque comme, par exemple, la prédominance du cramoisi et du jaune canari dans le choix des couleurs, et une prédilection marquée pour les capuchons pointus et les coiffures très hautes et affilées. Des caricatures de costumes religieux forment aussi un élément frappant dans le ton général de la parade ; – costumes de Franciscains et de Pénitents, en général rouges ou jaunes, et rarement bleu de ciel. Il n'y a pas de costumes historiques, et peu d'excentricités ou de monstres : seules quelques coiffures vampires brisent l'effet des bonnets pointus et des capuchons... Cependant on voit certaines idées de costumes décidément locales qui méritent qu'on les note : le *congo,* le *bébé* ou *ti manmaille,* le *ti nègue gouos sirop* (petit nègre à la mélasse), et la *diablesse.*

Le *congo* est la reproduction exacte du costume que les nègres portent sur les plantations. Pour les femmes il se compose d'une chemise grise en calicot, d'une jupe de percaline ordinaire et de deux mouchoirs (*mouchoirs fatas*), l'un pour le cou et l'autre pour la tête, au-dessus duquel on arbore un monstrueux chapeau de paille. La femme va nu-pieds ou porte les rudes sandales de fabrication indigène : elle tient une houe à la main. Pour l'homme, le costume se compose d'une chemise grise d'étoffe grossière, de pantalons de canevas bleu, d'un large *mouchoir fatas* et d'un chapeau *bacoué,* immense coiffure faite en fibres de palmier de la Martinique. Il est pieds nus et porte un coutelas.

La vue d'une troupe de jeunes filles revêtues du costume bébé est vraiment charmante. Ce costume ne comprend qu'une chemise brodée très lâche, de petits pantalons brodés de dentelles, et un bonnet d'enfant. Le tout est enjolivé de rubans de couleurs brillantes. Comme la chemise est courte et laisse les jambes nues, il y a là une belle occasion de se parer de bas de couleur et de pantoufles élégantes !

Le *ti nègue gouos sirop* (nègre à la mélasse) ne porte rien qu'un pagne : son corps et son visage sont enduits d'un atroce mélange fait de suie et de mélasse ! Il représente, soi-disant, l'ancêtre africain primitif.

Les *diablesses* sont peu nombreuses : car il faut une femme très grande pour jouer ce rôle. Elles sont vêtues de noir, avec un turban et un foulard blanc ; leurs masques sont noirs également. Elles portent des *boms,* – grands brocs d'étain, – qu'elles laissent choir sur le pavé de temps en temps, avec un grand fracas, et elles marchent pieds nus... Les *diablesses,* en vrai patois bitaco *guiablesses,* représentent une singulière superstition martiniquaise. On dit que parfois, en plein midi, une très belle négresse passe silencieusement à travers une plantation isolée et tente les hommes de la suivre. Mais celui qui la suit ne revient jamais, et quand un laboureur disparaît mystérieusement, ses compagnons disent: « *Yté ka oué Guiablesse* ». (Il a vu la diablesse.)

La plus grande des diablesses marche toujours en tête en chantant cette question :

– *Jou ouvé ?* (Le jour est-il venu ?)

Alors toutes les autres répondent en chœur :

– *Jou pa enco ouvé.* (Le jour n'est pas encore venu.)

Parmi les masques que portent la foule des danseurs, il y en a très peu de grotesques ; en général ce sont simplement des masques en laiton bleu, ayant la forme d'une figure humaine ovale et régulière, et ils déguisent parfaitement bien celui qui les arbore, qui peut cependant voir très clairement derrière ce masque. Je remarquai immédiatement que ce type particulier de masque de laiton donnait un ton indescriptiblement spectral à toute la parade. Ce n'est pas du tout comique ; ce n'est ni joli ni laid ; c'est incolore comme le brouillard, sans expression vraie ; ce masque se pose sur le visage comme une vapeur, comme un nuage évoquant l'idée qu'il ne dissimule qu'une vacuité spectrale.

VII

Mais voici la bande des *Intrépides* qui jouent la *bouéné.* C'est un air de danse et c'est aussi le nom d'une façon de danser particulière et effrénée. Les danseurs s'avancent en vis-à-vis ; ils s'étreignent, se pressent et se séparent pour s'étreindre de nouveau. C'est une danse fort ancienne, d'origine africaine. C'est peut-être la même dont le Père Labat écrivait en 1722 : « Cette danse est opposée à la pudeur. Avec tout cela elle ne laisse pas d'être tellement du goût des Espagnols créoles de l'Amérique, et si fort en usage parmi eux, qu'elle fait la meilleure partie de leurs divertissements, et qu'elle entre même dans leurs dévotions. Ils la dansent même dans leurs églises et à leurs processions ; et les Religieuses ne manquent guère de la danser la nuit de Noël sur un théâtre élevé dans leur chœur vis-à-vis de leur grille qui est ouverte, afin que le Peuple ait sa part dans la joie que ces bonnes âmes témoignent de la naissance du Sauveur. »

VIII

... Tous les ans, le dernier jour du Carnaval, avait lieu une cérémonie bizarre appelée *l'Enterrement du Bois-Bois.* Le *bois-bois* était un mannequin qui caricaturait l'incident le plus impopulaire dans la vie de la ville, ou dans la politique. Après avoir été promené avec une feinte solennité à travers toutes les rues de Saint-Pierre, le *bois-bois* était enterré ou noyé et jeté à la mer. Et hier les Sociétés de Danse annoncèrent leur intention de noyer le *bois-bois* la *Vérette,* mannequin qui représentait le fléau. Mais ce *bois-bois* ne fit pas son apparition. La *Vérette* est une visiteuse trop terrible pour s'en moquer, mes amis ; vous n'en rirez pas, car vous ne l'osez pas !...

Mais si ! Voici un homme qui a cependant ce courage ! Fantôme jaune[1] derrière son masque blanc, il crie en imitant les *machannes : Ça qui lé quatorze graines la vérette pour un sou ?* (Qui veut quatorze grains de la petite vérole pour un sou ?)

Pas un rire ne souligne cette plaisanterie... Et d'ici une semaine, pauvre fantôme moqueur, tu auras bien plus de quatorze grains qui ne coûteront pas même un sou, et qui te déguiseront beaucoup plus efficacement que le masque que tu portes aujourd'hui. Et on te recouvrira de chaux vive avant de te permettre de repasser par cette rue dans un cercueil de sept francs !...

---

1 Cet homme porte selon Hearn un masque de « goblin », terme un peu désuet et qui se traduirait par « lutin » plutôt que par « fantôme ».

IX

Et le torrent multicolore et bruyant se déverse toujours, – et vire enfin par la rue des Ursulines vers la Savane, et déferle par-dessus le nouveau pont de la Roxelane vers l'ancien quartier du Fort. Tout à coup il y a un silence, une halte ; les tambours cessent de battre ; les chants se taisent ; puis je vois les fantômes, les démons et les diablesses s'éparpiller brusquement dans toutes les directions : ils se cachent dans les maisons, dans les allées, derrière les portes. La foule se fend : un prêtre apparaît marchant très vite, revêtu de ses habits sacerdotaux, précédé d'un acolyte qui fait tinter une clochette.

– *C'est Bon-Dié ka passe !* (C'est le Bon Dieu qui passe !)

Le Père porte le viatique à une victime de l'épidémie et il ne faut pas apparaître déguisé en diable ou en diablesse dans la présence du *Bon-Dié.*

Il passe. La cohue des masques se referme derrière cette apparition de mauvais augure. Les tambours roulent de nouveau ; la danse recommence, et toute la mascarade fantastique disparaît rapidement de vue.

X

La nuit tombe. Les masques se rendent en foule aux salles de bal pour y danser d'étranges pas des tropiques, qui deviendront de plus en plus échevelés à mesure que les heures s'écoulent. Et à travers les rues sombres, le Diable fait sa dernière tournée de Carnaval.

À la lueur des vieilles lampes à l'huile suspendues à travers les rues, je discerne quelques détails de son costume. Il est revêtu de rouge et porte un masque hideux couleur de sang, et un bonnet dont les quatre angles sont formés par quatre miroirs : cette étrange coiffure est surmontée par une lanterne rouge. Il porte une perruque blanche en crins de cheval qui le fait paraître bizarre et vieux, puisque le Diable est plus vieux que le monde ! Le voilà qui descend la rue, bondissant aussi haut que lui-même, scandant des paroles sans signification humaine et suivi d'environ trois cents gamins qui forment le chœur de son chant et qui battent des mains tous ensemble, et donnent de la voix avec une simultanéité qui prouve combien le sentiment du rythme fait partie d'un sentiment musical naturel à l'Africain, – sentiment qui fut assez puissant pour s'imposer à toute l'Amérique espagnole et y créer tous les caractères les plus marqués de ce que l'on appelle la « musique créole ».

– Bimbolo !
– Zimbolo !
– Bimbolo !
– Zimbolo !
– Et Zimbolo !
– Et bolo-po !

chantent le Diable et son chœur. Son chant est caverneux, – abyssal, – et retentit de la poitrine comme le son d'un tambour battu au fond d'un puits.

– *Ti manmaille-là baill moin lavoix* (Donnez-moi vos voix, mes petits enfants.) Et tous reprennent après lui une mélopée pareille à la chute d'une cascade et agrémentée d'un triple battement de mains :

– Ti manmaille-là baill moin lavoix.

Puis le Diable s'arrête devant une demeure de la rue Peysette et tonne :

– Eh ! Marie-sans-dent ! Mi ! Diable-là derho.

Il s'agit évidemment d'une vengeance. Il y a dans cette maison quelqu'un contre qui il a de la rancune.

(– Hé ! Marie-sans-dent ! Regarde ! Le Diable est dehors !) Et tout le chœur s'empare du refrain :

Diable : *Eh ! Marie-sans-dent !*
Chœur : *Marie-sans dent ! Mi ! Diable-là derho !*

Le Diable descend enfin la rue principale en chantant toujours la même chanson. Je suis le chœur jusqu'à la Savane, où le défilé se dirige vers le nouveau pont qui franchit la Roxelane, pour gravir les rues hautes du vieux quartier du Fort. À cet instant le chant varie :

Diable : *Oti oué diable-là passé larivié* (Où avez-vous vu le diable passer la rivière !)

Et tous les gamins répètent ces paroles et s'adaptent au nouveau rythme avec une aisance et une régularité parfaites.

– *Oti oué diable-là passé larivié ?*
Diable : *Oti oué diable ?*
Chœur : *Oti oué diable-là passé larivié ?*
Diable : *Oti oué diable,* etc.

Vers minuit le retour du Diable et de sa suite me réveille. Ils chantent tous un nouveau refrain : « Le Diable et les zombis dorment n'importe où et partout ! » (*Diable épi zombis ka domi tout-patout.)*

Les voix des garçons sont toujours claires et fraîches, – claires comme le chant des grenouilles. Ils battent toujours des mains avec une précision de rythme qui est tout simplement merveilleuse, et chaque battement ressemble au bruit d'une lourde vague qui se brise :

Diable : *Diable épi zombis...*
Chœur : *Diable épi zombis ka domi tout-patou.*
Diable : *Diable épi zombis...*, etc.

Qu'est-ce après tout sinon l'ancienne méthode africaine de chanter au travail ? La coutume de porter les fardeaux sur la tête laissait les mains libres pour l'accompagnement rythmique. Et l'on entend encore aujourd'hui les femmes qui chargent du charbon sur les paquebots transatlantiques à Fort-de-France chanter ainsi en battant des mains.

Sans doute, le Diable marche-t-il très vite, car j'entends tous les garçons qui courent ; le bruit des pieds nus sur le pavé ressemble à celui d'une forte averse... Puis les chants se font plus faibles dans le lointain : l'immense basse du Diable devient presque imperceptible : on ne distingue plus qu'à des intervalles réguliers le crescendo du refrain, – un frénétique enflement de plusieurs centaines de voix de garçons qui s'élèvent toutes en même temps, – de chants rythmiques qui s'éloignent, qui parviennent jusqu'à moi par grandes bouffées, par rafales de contraltos...

XI

17 février

...Ysore est une *calendeuse*.

Les *calendeuses* sont les femmes qui préparent ces beaux turbans de madras et qui les colorent ; car l'étonnante couleur jaune de ces coiffures n'est due à aucun procédé de teinture ; elles sont toutes peintes à la main. Lorsqu'on l'achète, le madras est un long foulard oblong au fond rose ou vert pâle, et traversé de bandes de carreaux bleu foncé, violet, rouge ou marron qui s'entrecroisent. La calendeuse étend le madras sur un large morceau de carton qu'elle tient sur les genoux ; puis elle prend un pinceau en poil de chameau et elle se met à remplir les vides laissés entre les bandes avec de la couleur jaune-soufre qui est toujours mélangée à de la gomme arabique. Il faut un œil très exercé, des doigts très sûrs et beaucoup d'expérience pour accomplir cette tâche de façon satisfaisante. Lorsque le *madras* a été *calendé* et lorsqu'il est devenu tout raide et sec, on le plie autour de la tête de l'acheteuse d'après la gracieuse mode martiniquaise, qui est très différente des modes en vogue à la Guadeloupe ou à Cayenne ; on le fixe dans la forme voulue et dorénavant on peut le mettre et le retirer comme un bonnet sans le refaire ou le renouer. Le prix d'un *madras* est de deux francs soixante-quinze centimes, et l'on prend six sous de supplément pour l'arrangement du turban, sauf en temps de Carnaval, quand le prix monte jusqu'à vingt-cinq sous...

Plier un madras en turban s'appelle « attacher une tête », *marré yon téte* ; et l'on dit d'un *madras* qui est gracieusement plié, *yon téte bien marré,* – c'est-à-dire « une tête bien attachée ». Cependant la profession de calendeuse est loin d'être lucrative, car il faut deux ou trois jours de travail pour peindre un seul *madras.*

Mais Ysore ne dépend pas absolument de ce travail pour vivre. Elle gagne beaucoup plus en fabriquant des *moresques* et des *chinoises* qu'à peindre des *madras.* Et, à la Martinique, toute personne qui peut se l'accorder porte des *moresques* et des *chinoises.*

Les *moresques* sont de larges, amples et confortables pantalons d'indienne ornée de dessins représentant des oiseaux, des grenouilles, des feuilles, des lézards, des fleurs, des papillons, des petits chats, – ou peut-être rien du tout en particulier, mais simplement des arabesques. La *chinoise* est une blouse flottante, qui ressemble beaucoup au vrai vêtement chinois, mais qui se confectionne toujours en calicot de brillante couleur et aux dessins fantastiques. Ces vêtements se portent à la maison pendant la sieste, ou bien la nuit. Si on fait un court somme dans la journée dans ses vêtements ordinaires, on risque de se réveiller inondé de sueur et avec un sentiment d'épuisement que le terme local exprime parfaitement : avec un

« *corps écrasé* ». Donc, en entrant dans sa chambre pour faire la sieste, on se déshabille, on revêt la *moresque* et la *chinoise* et l'on se repose confortablement. Un complet de ce genre est parfois très joli et très bon marché : – il coûte environ six francs ; les couleurs ne passent pas au lavage et deux bons complets durent toute une année. Ysore arrive à faire deux paires de *moresques* et deux *chinoises* par jour sur sa machine à coudre.

XII

22 février

Les vieux médecins l'avaient bien prédit, mais qui les a crus ?

C'est comme si quelque chose de pesant et d'invisible, d'endormi et de mortel avait été tout à coup éveillé en une vie furieuse par le vent des robes et le pas de myriades de pieds qui dansent, par le fracas des cymbales et par la lourde vibration des tambours. En quelques jours le fléau s'est horriblement propagé, le poison invisible a pris une extension presque incroyable ; le nombre de nouveaux cas et de morts a successivement doublé, triplé, quadruplé.

... De grands chaudrons sont maintenant allumés la nuit dans les rues les plus peuplées, – à cent pas d'intervalle ; chaque feu est entretenu aux frais de la ville par un laboureur hindou : ce goudron doit, paraît-il, purifier l'air. Ces feux sinistres ne sont jamais allumés qu'en temps de pestilence ou de tempête. Les nuits d'ouragan, quand les vagues énormes arrivent de la mer insondable se briser contre une des côtes les plus effroyables du monde, où de grands navires viennent s'écraser, – c'est par des illuminations pareilles que les braves hommes de la côte font des efforts désespérés pour sauver la vie des naufragés, souvent au dépens de la leur.

XIII

23 février

Un cercueil passe, balancé sur les têtes de nègres. Il contient la dépouille de Pascaline... recouverte de chaux vive.

C'était assurément la plus jolie parmi toutes les jolies boutiquières de la Grande Rue, – un type rare de sang mêlé. Son jeune visage était si attrayant, qu'une fois que vous l'aviez vu vous ne pouviez jamais en séparer le souvenir de celui de la rue. Pourtant, ceux qui l'ont vue hier soir avant qu'elle fût recouverte de chaux ne purent distinguer nul trait ; – elle n'était qu'une grande masse brune, comme un fungus, – trop effroyable pour y penser...

... Et elles s'en vont toutes ainsi, les belles filles de couleur. À l'avis des médecins, cette classe entière est condamnée. Cependant, fait curieux, ce sont les jeunes enfants des octorons[1] qui souffrent le moins ; ces femmes font vacciner leurs en- fants, bien qu'elles refusent d'être vaccinées elles-mêmes. Je vois beaucoup d'enfants au teint vif qui se guérissent de la maladie ; leur peau n'est pas grêlée comme celle des classes plus sombres, et les taches roses disparaissent sans laisser de cicatrices.

.... Ici les malades sont enveloppés dans des feuilles de bananier, après avoir été préalablement enduits d'un onguent particulier. Il y a en ce moment une immense demande de feuilles de bananier. En temps ordinaire, ces feuilles, – surtout les jeunes feuilles non déroulées et dont la douceur dépasse celle du tissu le plus doux, – s'emploient pour des cataplasmes de toutes sortes, et se vendent un ou deux sous pièce suivant leur grandeur et leur qualité.

---

1 On dirait d'habitude « octavons ». Le mot « octoron » paraîtrait calqué sur le terme anglais « octoroon » (qui est celui utilisé par Hearn).

XIV[1]

29 février

Les blancs demeurent épargnés par la maladie. De cela on pourrait être amené à conclure hâtivement que la susceptibilité à l'infection diminuerait proportionnellement en fonction de l'excédent du sang blanc sur le sang africain ; mais ceci est loin d'être le cas. Là où cet excédent est de 116 à 8, comme dans le type appelé « mamelouc », ou de 122 à 4 comme dans le « quarteronné » (à ne pas confondre avec le « quarteron »), ou même de 127 à 1, comme dans le « sang-mêlé », la susceptibilité à la contamination demeure identique, tandis que les chances de guérison sont considérablement moins élevées que dans le cas du nègre. Quelques rares exemples frappants d'immunité sembleraient contredire ces arguments ; mais ces cas-ci pourraient s'expliquer par la position sociale de l'individu plutôt que par des questions de constitution : l'aisance et le confort ont une valeur prophylactique considérable dans des situations comme celles-ci. Et pourtant, bien qu'on puisse raisonnablement douter que les races mixtes jouissent d'une vigueur constitutionnelle comparable à celle des races d'origine, – la susceptibilité aux maladies qui caractérisent cette classe est déterminée moins, peut-être, par des caractéristiques raciales que par l'expérience ancestrale. Les peuples blancs ont été pratiquement inoculés ou vaccinés par des siècles d'expérience, tandis que, parmi les populations visiblement métissées ou noires les graines du fléau trouvent un terrain absolument frais où elles peuvent germer, et leurs ravages ne sont donc guère moins terrifiants que ceux que l'on

1 Cette section est absente de la traduction de Marc Logé. Nous l'avons donc restituée en bonne et due place et renuméroté les sections suivantes du chapitre.

a vus parmi les races amérindiennes ou polynésiennes dans d'autres époques.

Il existe par ailleurs des préjugés regrettables contre la vaccination. Même dans les circonstances présentes on trouve certains pour dire que les vaccinés meurent tout aussi rapidement du fléau que les non-vaccinés, ce que l'on vous affirmera preuves à l'appui : on a vu de ses propres yeux des personnes qui avaient bien été vaccinées mourir de la vérette, et cela suffit pour détruire la foi dans tout le système... Même les prêtres, qui implorent leurs paroissiens d'adopter la seule protection connue contre la maladie, ne peuvent rien contre un tel scepticisme.

XV

5 mars

Dans ce vieux quartier, les rues sont si étroites que l'on perçoit même un murmure d'un côté de la rue à l'autre, et la nuit tombée, j'entends beaucoup de choses : parfois des bruits de larmes, de douleur, et des cris désespérés quand la mort fait sa tournée nocturne ; parfois encore des mots de colère, des rires et même des chansons, – toujours la même complainte mélancolique. La voix possède ce timbre métallique particulier aux jeunes négresses :

« Pauv'ti Lélé,
Pauv'ti Lélé !
Li gagnin doulé, doulé, doulé,
Li gagnin doulé
Tout-patout ! »

Je veux savoir qui était la pauvre petite Lélé, et pourquoi elle a des douleurs « tout-partout ». Car tout enfantin et naïf que paraissent ces chansons créoles, elles ont invariablement pour origine un incident véritable. Enfin quelqu'un m'apprend que *Pauv'ti Lélé* avait eu jadis la réputation d'avoir la plus mauvaise chance de Saint-Pierre ; tout ce qu'elle entreprenait finissait mal ; quand il faisait jour elle soupirait après la nuit, afin qu'elle pût dormir et oublier ses malheurs ; mais quand la nuit venait, elle ne pouvait s'endormir tant elle pensait aux ennuis qu'elle avait eus pendant la journée, et alors elle souhaitait la venue du jour.

C'est plus agréable d'entendre le bavardage des enfants d'Ysore, de l'autre côté de la rue après le coucher du soleil et lorsque les étoiles sont sorties... Gabrielle désire toujours savoir ce que sont les étoiles :

– *Ça qui ka clairé comn ça, Manman ?* (Qu'est-ce qui éclaire comme ça, Maman ?)

Et Ysore répond :

– *Ça mafi, – c'est ti limié Bon-Dié.* (Ça, ma fille, ce sont les petites lumières du Bon Dieu.)

– C'est si joli, – n'est-ce pas, Maman ? Je veux les compter.

– Tu ne peux pas les compter, mon enfant.

– Un-deux-trois-quatre-cinq-six-sept. (Gabrielle ne sait compter que jusqu'à sept.) Moin *peidé.* (Je suis perdue, Maman.)

La lune se lève et elle s'écrie :

– *Mi, Manman. Gàdé gouôs difé qui àdans ciel-à.* (Regarde, Maman, le grand feu qu'il y dans le ciel.)

– C'est la lune, enfant. N'y vois-tu pas saint Joseph qui porte un fardeau de bois ?

– Oui, Maman, je le vois avec son grand fardeau de bois.

Mais Mimi est plus savante en science lunaire. Elle emprunte une pièce de cinquante centimes à sa mère pour la montrer à la lune. Et la faisant scintiller dans un rayon argenté, elle chante :

– Jolie lune, je te montre mon argent. Maintenant fais que j'en aie toujours tant que tu brilleras[i].

Puis la mère les emmène se coucher, et quelques instants plus tard le murmure de la prière du soir des enfants flotte jusqu'à moi par la fenêtre ouverte :

> « Ange-Gardien
> Veillez sur moi.
> Ayez pitié de ma faiblesse :
> Couchez-vous sur mon petit lit,
> Suivez-moi sans cesse… »[ii]

Je ne distingue qu'un vers de temps en temps… Ils ne s'endorment pas tout de suite ; ils continuent à bavarder au lit. Gabrielle voudrait savoir à quoi ressemble un ange gardien. Et j'entends la voix de Mimi qui lui répond :

« *Zange-gàdien, c'est yon jeine fi, toutt bel.* » (L'ange gardien est comme une jeune fille, toute belle.)

Encore quelques instants, et puis le silence se fait. Je vois Ysore sortir nu-pieds sur le balcon de la chambre, – elle regarde la mer, le scintillement lointain des étoiles, et elle remue les lèvres comme en prière… Et debout ainsi, vêtue de blanc avec ses longs cheveux noirs qui retombent sur ses épaules, il se dégage d'elle un charme étrange qui rappelle les longues silhouettes minces des anges gardiens que l'on voit dans certaines vieilles gravures religieuses de France.

XVI

6 mars

Ce matin Manm Robert m'apporte un objet curieux enveloppé dans un tout petit morceau de drap noir, auquel est attachée une ficelle pour le suspendre à mon cou. Il faut que je le porte, me déclare-t-elle.

– *Ça ça yé, Manm Robert?*

– *Pou empêché ou pouend la vérette,* me répond-elle. (C'est pour vous empêcher d'attraper la vérette.)

– Et qu'est-ce que cela contient?

– *Toua graines maïs épi dicamfre.* (Trois graines de maïs et puis du camphre.)

XVII

8 mars

Les riches maisons de la ville sont presque immobilisées par le manque de domestiques. On peut à peine obtenir de l'aide à n'importe quel prix : il est vrai que de jeunes campagnardes arrivent tous les jours en ville pour remplacer les mortes : mais ces nouvelles venues sont des proies plus faciles pour la maladie que celles qui les précédèrent. Et ces morts entraînent souvent plus qu'une simple désorganisation du mécanisme de la vie domestique. Les relations de la bonne créole avec la famille sont d'un genre tout particulier, et le terme domestique n'en donne pas la moindre idée. La bonne créole est vraiment un membre de la famille ; son association à la vie familiale commence en général dès l'enfance, dès qu'elle est assez forte pour porter une dobanne d'eau aux étages supérieurs ; et dans beaucoup de cas elle peut même se réclamer d'être née dans la maison. Comme enfant elle joue avec les petits blancs, – elle partage leurs plaisirs et leurs cadeaux. Il est rare qu'on lui parle durement et qu'on lui rappelle qu'elle n'est qu'une domestique. Elle a un petit nom ; on lui permet souvent de participer à la conversation quand aucun étranger n'est présent, et d'exprimer son opinion sur les affaires domestiques. Elle coûte très peu à nourrir : vingt ou vingt-cinq francs par an lui suffisent pour s'acheter tous les habits nécessaires ; elle porte rarement de chaussures : elle dort sur une petite paillasse soutenue par un *léfan,* – deux carrés de matelas épais et durs, placés l'un contre l'autre de façon à former un matelas oblong. Elle ne représente qu'une dépense nominale pour la famille ; elle est le messager confidentiel, la bonne, la femme de chambre, la porteuse d'eau, tout en somme sauf la cuisinière et la blanchisseuse. Les familles qui possèdent une bonne vraiment satisfaisante ne s'en sépareraient sous aucun prétexte. Si elle a été élevée dans la maison, on la considère comme une fille adoptive. Si elle quitte la maison pour fonder à son tour un foyer, et qu'elle ait plus tard des malheurs, elle pourra sans crainte retourner chez ses premiers maîtres avec son bébé, qu'on accueillera et qu'on élèvera sans doute comme elle a été élevée elle-même, sous le vieux toit familial. Tout d'abord, l'étranger est parfois surpris par cette manière de vivre ; et pourtant la cause n'est pas difficile à deviner. On peut la retracer jusqu'à l'époque de la fondation de la société créole, aux premiers temps de l'esclavage. Parmi les races latines, et surtout chez les Français, l'esclavage conserva jusque dans les temps modernes beaucoup des traits les moins durs de l'esclavage du monde antique, où l'esclave domestique, en entrant dans la famille, en faisait vraiment partie.

XVIII

10 mars

Ysore et ses petits sont tous réunis dans la boutique de Manm Robert ; elle raconte ses malheurs : quarante-sept francs d'ouvrage livré sur commande le jour fixé ; mais elle n'a pas été payée. C'est ce que j'entends en pénétrant dans la boutique pour acheter un paquet de *bouts.*

– *Assise* ! me dit Manm Robert en me tendant sa propre chaise.

Elle est toujours contente de me voir et de bavarder avec moi sur le « *folklore* » créole. Puis, voyant que Mimi et moi nous échangeons un sourire, elle dit aux enfants de venir me souhaiter le bonjour :

– *Allé di bonjou Missié-à !*

L'un après l'autre, ils me tendent une joue de velours pour que je les embrasse. Et Mimi, qui a posé la même question à sa mère des fois innombrables depuis au moins cinq minutes sans recevoir de réponse, ose me demander maintenant que nous avons été présentés l'un à l'autre :

– *Missié, oti masque-à ?*

– *Y ben fou, pouloss !* s'écrie sa mère. *Mimi pa embêté moune conm ça ? pa ni piess masque : c'est la vérette qui ni.* (Elle est bien folle ! Mimi, n'embête pas le monde comme ça : il n'y a plus de masques, il n'y a plus que la vérette.)

Tu ne m'ennuies pas du tout, petite Mimi, mais je n'aimerais pas te répondre trop exactement. Je sais où se trouvent aujourd'hui la plupart des masques, et je pense qu'il vaut mieux que tu ne le saches pas. Ils ne portent plus de masques, mais si tu les voyais seulement un instant par quelque hasard extraordinaire, petite Mimi, je crois que tu serais plus effrayée que tu ne l'as jamais été de ta vie.

– *Toutt lanuite y k'anni rêvé masque-à,* répond Ysore.

Je serais curieux de savoir à quoi ressemblent les rêves de Mimi. Je me demande si je pourrais la persuader de me les raconter.

XIX

... J'ai noté le dernier rêve de Mimi d'après sa dictée. – J'ai vu un bal, dit-elle. Je rêvais ; j'ai vu tout le monde qui dansait avec des masques : je les regardais. Et tout à coup, j'ai vu que tous les danseurs étaient en carton. Et j'ai vu un *commandeur* qui m'a demandé ce que je faisais. Je lui ai répondu : « Mais j'ai vu un bal et je suis venue voir. Qu'est-ce que ça fait ? Alors il m'a dit : « Puisque vous êtes si curieuse, et que vous venez voir ce que font les gens, vous allez rester ici et danser aussi. » Je lui répondis : « Je ne danserai pas avec des gens de carton. J'en ai peur. » Et je me suis mise à courir à force d'avoir peur. Et je suis rentrée dans un grand jardin où je vis un énorme cerisier où il n'y avait que des feuilles. Et je vis un homme assis sous ce cerisier. Il me demanda : « Que faites-vous ici ? » Je lui dis : « Je tâche de trouver le chemin pour m'en aller ». Il dit : « Il faut rester ici ». « Non, non », je lui ai crié, et afin de pouvoir m'en aller, je lui ai dit : « Montez là-haut et vous verrez un beau bal avec des danseurs en carton qui dansent sous la direction d'un commandeur en carton ». Et puis j'ai eu si peur que je me suis réveillée.

– Et pourquoi en aviez-vous si peur, Mimi ? demandai-je.

– *Pace yo té toutt vide endedans !* répondit Mimi. (Parce qu'ils étaient tout vides en dedans.)

XX

19 mars

... La mortalité à Saint-Pierre varie maintenant de trois cent cinquante à quatre cents par mois. Notre rue se dépeuple. Tous les jours des hommes viennent avec d'immenses civières recouvertes d'une bâche en canevas pour emmener quelqu'un au lazaret. À de brefs intervalles, des cercueils, qui entrent vides dans les maisons, en ressortent suivis de femmes qui pleurent si bruyamment que leurs cris s'entendent à de très grandes distances.

... Avant la visitation de ce fléau, peu de quartiers étaient aussi peuplés que le mien : parfois cinquante personnes habitaient une petite maison. Les classes pauvres étaient habituées dès leur naissance à vivre aussi simplement que les animaux, à peine vêtues, couchant sur le sol nu, se nourrissant des mets les moins coûteux et les plus ordinaires. Pourtant, quoique vivant dans des conditions aussi désastreuses, on ne pouvait trouver de race plus saine dans le monde entier, ni plus propre. Comme chaque cour a sa fontaine, tout le monde pouvait s'y baigner quotidiennement ; des centaines de gens avaient l'habitude de se plonger dans la rivière dès l'aurore ou de nager dans la baie, – car ici les femmes nagent aussi bien que les hommes... Mais la pestilence, pénétrant dans une vie aussi dense et aussi peu protégée, a fait rapidement des ravages considérables, et la propreté corporelle n'a pas beaucoup servi à enrayer la contagion. Maintenant toutes les stations balnéaires sont désertées, parce que les lazarets infectent la baie d'immondices, et parce que le linge des malades est lavé dans la Roxelane.

... Guadeloupe, la colonie sœur, envoie bien des secours. La somme totale est beaucoup moins élevée que celle qu'un seul négociant américain donnerait à une entreprise charitable, – mais c'est beaucoup pour la Guadeloupe. Et la Cayenne lointaine envoie aussi de l'argent, tandis que la mère patrie va donner cent mille francs.

XXI

20 mars

... La bonté infinie que les gens de couleur se témoignent entre eux cause une impression d'étonnement à ceux qui sont habitués à l'égoïsme des grandes villes de ce monde. On ne permet à personne d'aller au lazaret s'il a un lit sur lequel il peut coucher, ou un parent ou un ami pour lui administrer les soins et les remèdes nécessaires ; ceux qui passent par les lazarets sont des étrangers, des gens de la campagne qui n'ont pas de foyer, – ou bien des domestiques malades à qui on ne permet pas de demeurer dans les maisons de leurs maîtres... Il y a cependant bien des cas où les maîtresses ne souffrent point que leurs bonnes aillent courir les risques du lazaret, surtout dans les familles où il n'y a pas d'enfants : la domestique est alors entourée de soins, – on appelle un médecin et on lui achète des médicaments.

Mais l'héroïsme que révèlent les gens de couleur est beau, touchant, et vous fait douter de toutes les théories admises sur l'égoïsme naturel de l'humanité, et forcerait le pessimiste le plus endurci à concevoir une plus haute idée des hommes. Personne n'hésite jamais à visiter un individu frappé de la maladie ; tous les parents, et même les amis des parents se hâtent vers le chevet du malade. Ils se relèvent pour le veiller ; ils lui procurent le médecin et les remèdes sans jamais songer au danger, ni à la certitude de la contagion. Si le malade est sans ressources, tous contribuent à lui payer les soins nécessaires. Ce que sa sœur ou son père ne possèdent pas, l'oncle ou la tante, le parrain, la marraine, le beau-frère ou le voisin pourraient peut-être le lui donner. Personne ne songe à refuser du linge, du vin ou quoi que ce soit qu'on puisse donner, prêter ou se procurer sur crédit. Les femmes semblent oublier qu'elles sont belles, qu'elles sont jeunes, aimées ; – elles semblent tout oublier à l'exception de ce qu'elles estiment être leur devoir. Vous voyez des jeunes filles de couleur instruites et « *élevées-en-chapeau* »[iii] quitter volontairement de riches foyers pour aller soigner une pauvre mulâtresse ou câpresse dans les quartiers misérables de la ville, simplement parce que la malade est une parente éloignée. Elles ne confieraient à personne ce soin : elles se sentent contraintes de l'accomplir en personne. Et j'ai entendu une de ces filles répondre par ces mots aux reproches qu'on lui adressait de s'exposer ainsi, car elle n'avait pas été vaccinée :

– Ah, quand il s'agit du devoir, la vie ou la mort c'est pour moi la même chose.

... Mais aucune loi sanitaire ne venant interdire cette immolation volontaire, on s'imagine facilement avec quelle rapidité la ville entière arrivera à ne plus former qu'un vaste hôpital.

XXII

... En règle générale, Saint-Pierre se tait dès neuf heures du soir : ici tout le monde se couche tôt et se lève avec le soleil. Mais parfois, lorsque la nuit est extraordinairement chaude, les gens demeurent assis sur le pas des portes à bavarder jusqu'à bien plus tard. Et par une nuit pareille, on voit et on entend beaucoup de choses curieuses pendant cette période de pestilence.

Il est certainement bizarre qu'alors que le hurlement d'un chien la nuit ne contient pas ici de signification sinistre, – personne ne fait attention à ce bruit, tout hideux qu'il est, – les plaintes et les miaulements des chats soient considérés des présages de mort ; et, en ce moment, les gens ne se sentent jamais trop endormis pour se lever et chasser les chats dès qu'ils commencent leurs miaulements... Ce soir, un soir si opprimant que tout le monde, sauf les malades, est debout, – les miaulements des chats ont provoqué une véritable panique ; et longtemps après que les animaux furent chassés, toutes les personnes ayant un parent alité avec la maladie actuelle ont continué à discuter le présage avec terreur.

Puis je remarque un petit enfant de couleur, debout, nu-pieds, dans le clair de lune, ses petits bras potelés soulevés et ses mains jointes au-dessus de sa tête. Il serait difficile de voir une silhouette plus gracieuse que la sienne ainsi posée ; mais inconsciemment il évoque une autre superstition, précisément en prenant cette attitude. Et sa mère, furieuse, lui crie :

– *Ti manmaille-là, tiré lanmain-ou assous téte-ou, foute ! pi moin enco là... Espéré moin allé lazarett ayant metté lanmain conm ça.* (Enfant, enlève tes mains de dessus ta tête, car je suis encore là. Attends que j'aille au lazaret pour mettre tes mains comme ça.)

Car l'enfant avait esquissé le geste de deuil sauvage, naturel et primitif, le geste du grand désespoir.

... Puis tous se mettent à comparer leurs malheurs, à se raconter leurs ennuis. Ils disent des choses grotesques, et plaisantent même de leurs déboires. L'un déclare :

– *Si moin té ka venne chapeau, à foce moin ni malhé, toutt manman sé fai yche yo sans tête.* (J'ai si mauvaise chance que, si je vendais des chapeaux, toutes les mamans auraient des enfants sans tête.)

Je remarque que ceux qui sont assis près de leurs portes ne s'asseyent pas en général sur les marches, même lorsqu'elles sont en bois, car il y a une superstition qui dit :

– *Si ou assise assous pas-lapôte, ou ké pouend doulé toutt moune.* (Si vous êtes assise sur le pas de la porte, vous prendrez la douleur de tout le monde qui passe.)

XXIII

30 mars

Vendredi Saint – Les cloches ont cessé de sonner même le glas des morts ; des coups de canon marquent les heures. Les navires dans le port forment des croix avec leurs mâts, et renversent leurs drapeaux. Et toute la population de couleur est vêtue de deuil ; c'est une coutume séculaire.

Aujourd'hui vous ne verrez pas une seule robe voyante, pas un seul *madras calendé.* Dans toutes les rues de Saint-Pierre, pas une tache de couleur n'est visible. Les costumes que l'on porte ressemblent tous à celui que l'on revêt pour la mort de proches parents, – une robe noire, avec un foulard violet et un turban d'un violet très foncé ; ou le demi-deuil, robe violet foncé avec foulard et turban noirs. Le demi-deuil n'est porté que par celles qui n'ont pas les moyens d'acheter de costume plus sombre. De ma fenêtre, j'aperçois de longues processions qui gravissent les mornes aux alentours de la ville pour visiter les autels et les crucifix et prier que l'épidémie cesse bientôt.

... *Trois heures* – Trois coups de canon font trembler les collines. C'est l'heure que l'on présume être celle de la mort du Seigneur. Tous les croyants, qu'ils soient dans les églises, sur les routes ou chez eux, se prosternent et embrassent la croix trois fois, ou, s'il n'y a pas de croix, ils pressent leurs lèvres trois fois contre la terre ou le pavé, en prononçant trois souhaits qui seront exaucés, s'ils sont exprimés à ce moment précis. D'immenses foules sont rassemblées autour des croix sur les mornes, et autour de la statue de Notre-Dame de la Garde.

Il n'y a aucun brouhaha dans les rues : on n'entend même pas les pleurs bruyants habituels, tandis que passent les cercueils. Aujourd'hui il ne faut ni se plaindre, ni se mettre en colère, ni prononcer de vilaines paroles, – car toute faute commise le Vendredi Saint prend, paraît-il, une importance spéciale et terrible aux yeux du Seigneur. Un dicton curieux est en vogue ici. Si un fils ou une fille tournent mal en grandissant, et sont une honte pour leur famille et une malédiction pour leurs parents, on dit en parlant d'eux :

– *Ça, c'est yon péché Vendredi Saint.* (Ça, c'est un péché de Vendredi Saint.)

Deux autres croyances étranges se rapportent au Vendredi Saint. La première c'est qu'il pleut toujours ce jour-là, parce que le ciel pleure la mort du Seigneur ; et si cette pluie est recueillie dans un vase elle ne s'évaporera jamais et guérira toutes les maladies.

La deuxième croyance veut que Jésus-Christ soit le seul qui soit mort à trois heures précises. Personne n'est mort exactement à cette heure-là : on a pu mourir une seconde plus tôt ou une seconde plus tard, mais jamais exactement à trois heures.

XXIV

31 mars

Samedi Saint... neuf heures du matin – Toutes les cloches se mettent soudain à sonner : le tintement du bourdon se marie au tonnerre de cent canons : c'est le *Gloria.* À ce signal, la coutume religieuse veut que toute la population côtière pénètre dans la mer, tandis que ceux qui vivent trop loin de la côte se baignent dans les rivières. Mais aujourd'hui la mer et les rivières sont pareillement infectées, car on y lave tout le linge des lazarets, – et il y a donc moins de baigneurs que d'habitude.

Mais il y a vingt-sept enterrements. Maintenant on enterre les morts deux par deux, car les cimetières sont encombrés.

XXV

… Dans la plupart des vieilles maisons de pierre vous verrez des araignées d'une grosseur terrifiante, – elles mesurent parfois six pouces de l'extrémité d'une patte à l'autre, lorsqu'elles s'accrochent aux murs. Je n'ai jamais entendu qu'elles aient mordu personne, et, parmi les pauvres, on dit que de les chasser ou les tuer porte malheur... Cependant ce matin de très bonne heure, Ysore balaya sa maison et mit à la porte une légion de ces insectes monstrueux.

Manm Robert en est désolée.

– *Jésus-Maria, oulé malhé enco pou fai ça, ché ?* (Vous désirez encore plus de malheur que vous faites ça, chère ?)

Et Ysore répond : – *Toutt moune icitt pa ni yon sou ! gouôs conm ça fil zagrignin, et moin pa menm mangé. Epi lavérette enco... Moin coué toutt ça ka poté malhé.* (Personne n'a le sou ici, des tas de toiles d'araignées comme ça, et rien encore à manger, et la vérette par-dessus le marché. Je crois que ces choses portent malheur !)

– Ah, vous n'avez pas encore mangé, s'écrie Manm Robert. *Vini épi moin.* (Venez avec moi.)

Et Ysore, qui a déjà un peu de remords d'avoir si mal traité les araignées, murmure pour s'excuser en franchissant le seuil de la petite boutique de Manm Robert :

– *Moin pa tchoué yo ; moin chassé yo ; ké vini enco.* (Je ne les ai pas tuées, je les ai seulement chassées ; elles reviendront.)

Mais, bien plus tard, Manm Robert m'apprit que les araignées n'étaient jamais revenues.

XXVI

5 avril

– *Toutt bel bois ka allé,* dit Manm Robert. (Tous les beaux bois s'en vont.)

Je ne comprends pas.

– *Toutt bel bois, toutt bel moune, ka allé,* elle ajoute pour que je la comprenne. (Tous les « beaux arbres » disparaissent, tout le « beau monde » s'en va.)

Comme dans le langage des poètes primitifs de la terre, une belle femme est comparée dans le patois créole à un bel arbre ; et il arrive même que le nom de l'objet est souvent substitué à celui de l'être vivant. *Yon bel bois* peut signifier un bel arbre. Mais il désigne aussi bien une femme gracieuse ; c'est la même comparaison dont Ulysse se servit en regardant Nausicaa, quoique exprimée avec plus de naïveté.

Et il me revient à la mémoire le souvenir d'une ballade créole qui sert d'exemple de l'usage de cette phrase : c'est une ballade sur un adolescent de Fort-de-France qui est envoyé à Saint-Pierre par son père pour y acheter des dobannes ; mais il rencontre une belle fille et dépense tout l'argent de son père pour lui acheter des cadeaux et un trousseau :

Moin descenne Saint-Pié
Acheté dobannes.
Aulié ces dobannes
C'est yon bel bois moin mennein monté.

Je suis descendu à Saint-Pierre
acheter des *dobannes.*
Au lieu de *dobannes,*
c'est ce joli arbre, une charmante jeune fille que je ramène.

– Qui donc est mort aujourd'hui, Manm Robert ? je demande.

– C'est la petite Marie, la porteuse, qui a attrapé la vérette. Elle est au lazaret.

XXVII

7 avril

– *Toutt bel bois ka allé.*

On vient de recevoir la nouvelle que *Ti Marie* est morte hier soir au lazaret du Fort ; elle a été attaquée par ce que l'on appelle *lavérette pouff,* – une forme de la maladie qui étouffe sa victime en quelques heures.

Ti Marie était certainement la petite *machanne* la plus gentille que j'aie vue. Sans être vraiment jolie, son visage avait un charme enfantin qui faisait qu'on avait plaisir à la regarder ; et elle avait la peau claire, couleur de chocolat rouge, une petite silhouette légère et compacte, une paire de petits pieds d'une symétrie remarquable, et qui n'avaient jamais connu la compression de chaussures.

Tous les matins j'entendais son cri lorsqu'elle passait vers l'aurore :

– *Qui lé café ? Qui lé sirop ?*

Elle paraissait avoir seize ans, mais elle était déjà mère.

– Où est son mari ? demandai-je.

– *N' homme y mo lavérette 'tou.* (Son homme est mort de la vérette aussi.)

Et son enfant, son *yche ?*

– *Y lazarett.*

Mais seuls ceux qui n'ont ni parents ni amis en ville sont envoyés au lazaret.

– *Ti Marie* n'était donc pas de Saint-Pierre?

– Non, elle était de Vauclin, répond Manm Robert.

Vous ne voyez pas souvent de jolies câpresses qui sont de Saint-Pierre. Saint-Pierre a de jolies *sang-mêlé.* Les belles filles aux peaux rouges sont de Vauclin. Les jaunes, qui sont vraiment des *bel-bois,* sont de Grande-Anse, dont les habitants sont couleur banane. À Gros-Morne, ils sont noirs en général.

XXVIII

Il paraît que la race rouge, – la race câpresse, – est particulièrement sujette à la petite vérole. Toutes les familles qui emploient des câpresses comme domestiques de maison les perdent : une famille qui habite à l'angle de la rue en a perdu quatre de suite. Le teint des câpresses est couleur cannelle ou chocolat : la peau est naturellement claire, lisse et brillante. C'est surtout en parlant de la câpresse que l'on se sert du terme « *peau-chapoti* »[iv], – peau sapotillier, – accouplé de tous les curieux adjectifs créoles pour désigner ce qui est beau : *jojoll, beaujoll,* etc. Leur chevelure est longue mais crépue : leurs membres fins, vigoureux et admirablement formés. On me dit que, transportés dans un climat froid, le câpre ou la câpresse perdent leur teint rougeâtre. Ici, sous le soleil tropical, il prend une beauté que le métal seul saurait imiter. Et parce que la photographie ne parvient pas à donner la moindre idée de cette couleur singulière, la câpresse déteste les photographies.

– *Moin pa noué,* s'écrie-t-elle : *moin ouoûge ; ou fai moin noué nans potrait-à.* (Je ne suis pas noire, je suis rouge. Vous m'avez faite noire dans ce portrait-là.)

On parvient difficilement à la faire poser devant un appareil photographique. Elle est rouge, déclare-t-elle, magnifiquement rouge. Et pourtant cet instrument malicieux la représente grise ou noire ; – *noué conm poule zo noué.* (Noire comme une poule aux os noirs.)

Et cette race rouge disparaît de Saint-Pierre, et sans doute des autres villes également frappées du fléau.

XXIX

10 avril

... Manm Robert est très inquiète et très troublée parce que le paquebot américain, le *bom-mangé,* comme elle l'appelle, ne vient plus. Il apportait jadis régulièrement tant de barils de pommes de terre et de haricots, tant de lard, de fromage, d'ail et de pois cassés, – denrées dont elle tient toujours un petit stock. Il y a maintenant près de huit semaines depuis que le canon d'un navire de New-York n'a éveillé les échos du port. Tous les matins, Manm Robert envoie son petit domestique Louis voir s'il n'y a nul signe de l'arrivée de la malle américaine.

– *Allé oué Batterie d'Esnotz si bom-mangé-à pa vini.* (Allez voir à la Batterie d'Esnotz si le *bon-manger* n'est pas venu.)

Mais Louis revient toujours avec la même réponse[1] :

– *Manm Robert, pa ni piess bom-mangé.* (Madame Robert, il n'y a pas même un morceau de *bon-manger.*)

« Plus de bateaux américains pour la Martinique. » C'est la nouvelle que nous transmet le télégraphe. La maladie s'est déclarée parmi les voyageurs. Les ports sont infectés. Les malles des États-Unis laissent leurs colis à Saint-Kitts ou à la Dominique, et passent devant nous sans s'arrêter. Il y aura bien de la misère maintenant parmi les canotiers, les caboteurs et tous ceux qui vivent à charger ou à décharger les cargaisons des navires ; de grands magasins d'approvisionnements se ferment, – les hommes sont renvoyés, car ils n'auront plus rien à faire.

... On enterre vingt-cinq *vérettiers* par jour à Saint-Pierre.

Cependant ce ciel tropical n'a jamais été aussi beau, jamais cette mer ondoyante n'a été aussi merveilleusement bleue : jamais les mornes n'ont été aussi richement vêtus d'un vert aussi lumineux, sous un jour plus doré !... Et cela paraît étrange que la Nature reste aussi belle.

Tout à coup je me rappelle que je n'ai pas vu Ysore ni ses enfants depuis quelques jours. Auraient-ils déménagé ? Le soir, en passant devant la boutique de Manm Robert, je demande de leurs nouvelles. Et la vieille femme me répond très gravement :

– *Ato, mon ché, c'est Ysore qui ni lavérette.*

La mère a été enfin atteinte par le fléau. Mais Manm Robert la soignera, et Manm Robert s'est chargée également des trois petits, à qui on ne permet pas de quitter la maison, de crainte qu'ils n'apprennent ce qu'ils doivent ignorer.

... *Pauv 'ti manmaille !*

---

1 Sa réponse est dite « rueful » (attristée).

XXX

13 avril

... La vérette n'attaque toujours pas les blancs indigènes. Mais tout l'air est devenu comme empoisonné ; les conditions sanitaires de la ville sont plus désastreuses qu'elles ne l'ont jamais été ; une nouvelle épidémie s'est déclarée : la fièvre typhoïde. Et maintenant les *békés* commencent à s'en aller, surtout les jeunes et les forts. Et les cloches sonnent pour eux continuellement, et le bourdon remplit la ville de son énorme tintement toute la journée et tard dans la nuit. Car ceux-ci sont des riches et toutes les solennités des obsèques leur appartiennent de droit ; – le cercueil d'acajou, le triple tintement et la Croix d'Or qui les précède comme ils s'en vont vers leur long sommeil sous les palmiers, salués pour la dernière fois par toute la population de Saint-Pierre, qui se tient nu-tête dans le soleil...

Est-ce dans des moments comme ceux-ci, alors que toutes les conditions de la vie sont fébriles, que l'on est plus porté à faire des rêves bizarres ?

Hier soir, il m'a semblé que j'ai revu cette danse de Carnaval, – les musiciens encapuchonnés, le torrent fantastique de bonnets pointus, et les masques spectrals, et le balancement des corps, et l'agitation des bras, – mais tout cela était silencieux comme une fumée qui passe. Il y avait aussi des silhouettes que je croyais reconnaître ; des mains que j'avais déjà vues se tendre qui me touchaient en silence. Puis tout à coup quelque chose d'invisible parut éparpiller toutes ces formes comme les feuilles s'envolent dans le vent. Et, en me réveillant, je crus entendre de nouveau, aussi distinctement que pendant cette dernière après-midi de Carnaval, l'étrange cri plein d'effroi :

– *C'est Bon-Dié ka passé.*

XXXI

20 avril

... Très tôt ce matin, Ysore fut emmenée sous un linceul de chaux vive. Les enfants n'en savent rien. Manm Robert prit soin qu'ils ne la vissent pas. On leur a dit que leur mère est partie à la campagne pour se remettre, et que le docteur la ramènera bientôt. Tout le mobilier va être vendu à l'encan pour payer les dettes. Le propriétaire a été patient ; il a attendu quatre mois ; le médecin a été bienveillant. Mais maintenant il faut qu'ils reçoivent leur dû. Tout va être vendu au plus offrant ; tout, sauf la chapelle avec la Vierge, et les anges de faïence.

– *Yo pa ka pé venne Bon-Dié.* (Il ne faut pas vendre des choses du Bon Dieu.)

Manm Robert s'occupera des enfants. Le lit, – relique de la fortune de jadis, – un grand lit martiniquais en bois sculpté, un *lit-à-bateau,* ainsi dénommé parce qu'il a presque la forme d'une barque, se vendra bien trois cents francs. L'armoire, avec ses portes en glaces atteindra sans doute deux cent cinquante francs. Il n'y a guère autre chose de valeur ; le tout ne produira pas de quoi payer les dettes de la morte.

XXXII

28 avril

– *Tam-tam-tam ! Tam-tam-tam !*

C'est le tambour du vendeur qui retentit sur la place : le mobilier d'Ysore va changer de mains.

Les enfants tressaillent à ce bruit, si intimement lié dans leur souvenir avec le spectacle des jours de Carnaval et la gaieté fantastique de la grande danse processionnelle ; ils se précipitent dans la rue ensoleillée en s'appelant :

– Vini oué.

Ils regardent en haut, en bas. Mais il règne une grande tranquillité dans la rue du Morne-Mirail. Elle est vide.

Manm Robert rentre très lasse. Elle a été à la vente essayer de sauver quelques objets pour les enfants, mais les prix ont été trop élevés. En silence elle s'assied à sa place habituelle derrière le comptoir usé de sa boutique. Les enfants l'entourent, la caressent. Mimi regarde en riant le bienveillant visage brun, et s'étonne que Manm Robert ne sourie pas. Puis Mimi a peur de lui demander où sont les masques, pourquoi ils ne viennent pas. Mais le petit Maurice, qui est moins sensible et plus brave, s'écrie :

– Manm Robert, oti masque-à ?

Manm Robert ne répond pas : elle n'entend pas. Elle regarde fixement les jeunes visages qui entourent ses genoux ; et pourtant elle ne les voit pas. Elle voit bien, bien au delà d'eux dans les années cachées. Et tout à coup, avec, dans la voix, une tendresse sauvage, elle prononce la sombre pensée que son cœur contient à leur égard :

– Toua ti blancs sans le sou ! – Quitté moin chéché papa-ou adans cimitié pou vini pouend ou tou ! (Trois petits blancs sans le sou ! Laissez-moi aller chercher votre papa qui est au cimetière pour qu'il vienne vous emmener tous.)

LES BLANCHISSEUSES

I

Quiconque séjourne quelques mois à Saint-Pierre passera certainement plus ou moins tôt une demi-heure de loisir sur la charmante place de la Savane du Fort, – chère aux flâneurs martiniquais, – et se penchera quelques instants au-dessus du parapet moussu du quai pour regarder les blanchisseuses au travail. Ce spectacle du labeur primitif présente un curieux intérêt : le profond chenal de la Roxelane serpentant au pied des hauteurs du Fort couronnées de palmiers ; la blancheur aveuglante du linge étalé à blanchir pendant plusieurs kilomètres sur d'immenses roches de porphyre et de basalte prismatique ; les femmes aux membres de bronze sombre, aux visages cachés par d'immenses chapeaux de paille, agenouillées dans le torrent impétueux, – tout cela forme une scène qui vous fait songer aux civilisations primitives[1]. Et même ici, dans cette colonie moderne, cette scène est vieille de presque trois cents ans, et elle se répétera sans doute ainsi à la Rivière des Blanchisseuses pendant encore plus de trois siècles. Cette mode de laver, bizarre comme certaines légendes bretonnes qu'elle vous rappelle, surtout si vous y assistez avant l'aube, alors que toute la ville dort encore, ne changera sans doute pas. Il existe un préjugé local contre les nouvelles méthodes, les nouvelles inventions et les nouvelles idées. On a

---

1 L'original (« earliest civilisations », que l'on pourrait traduire par « les premières civilisations ») évitait les connotations un peu négatives qu'aurait de nos jours la formulation « civilisations primitives ».

essayé plusieurs fois, mais sans succès, d'inaugurer une façon de laver moins barbare, mais l'établissement d'une blanchisserie à vapeur fut d'avance condamnée à la faillite. Le public, étant très satisfait de l'ancienne méthode, ne voyait aucun avantage à l'abandonner. D'autre part, les blanchisseuses et les repasseuses, bien que recevant des salaires beaucoup plus élevés, se fatiguèrent vite du travail en chambre ; alors, abandonnant leur nouvelle situation, elles retournèrent avec un sentiment de soulagement à leur ancienne façon de travailler dans l'air bleu et le vent des collines, les pieds trempant dans le torrent des montagnes et la tête exposée aux rayons du soleil redoutable.

... C'est une des curiosités de Saint-Pierre, cette scène quotidienne à la Rivière des Blanchissseuses. Tout le monde aime la regarder. Les hommes, parce qu'il y a nombre de belles filles parmi les blanchisseuses, et les femmes sans doute parce qu'elles s'intéressent toujours au travail des autres femmes. Par les belles journées, tous les ponts blancs de la Roxelane sont tachetés de badauds, surtout le matin, quand chaque bonne allant au marché ou en revenant, s'arrête pour regarder et bavarder un instant avec les blanchisseuses qu'elle connaît. Alors on entend des clameurs, des interpellations et des cris qui se répondent du pont à la rivière, et de la rivière au pont.

...Ouill ! Noémi !... Coument ou yé, ché ?... Eh ! Pascaline ! Bonjou, Youte ! Dédé ! Fifi ! Henrilla ! Coument on kallé, Cyrillia ? Toute douce, ché, et té Mémée ?... Y bien ; oti Ninotte ? Bo té manmaille pou moi, ché, ou tanne ?...

Cependant le pont qui conduit au marché du port est celui d'où ce spectacle est le moins intéressant. Les meilleures blanchisseuses ne sont pas là ; seules les paresseuses, les faibles et les amateurs, domestiques qui deux ou trois fois par mois font la lessive à la rivière comme partie de leur service, fréquentent cette partie de la rivière. Les professionnelles expertes et les lève-tôt se réservent les meilleures places et les rochers choisis. Et parmi les centaines de femmes qui sont ainsi au travail, on peut distinguer comme une gradation physique. Au prochain pont les femmes semblent plus vaillantes, plus fortes, on voit davantage de jeunes visages, et plus on remonte le cours de la rivière vers le Jardin des Plantes, plus l'apparence de la blanchisseuse progresse, de sorte qu'en l'espace d'un kilomètre environ on voit un exemple frappant d'une des lois naturelles de la lutte pour la vie, – les meilleures chances aux meilleures constitutions.

On remarquera aussi, si on les observe assez longtemps, qu'il y a peu de mulâtresses[1] parmi les blanchisseuses ; la plupart sont noires, ou bien elles appartiennent à cette race rouge-sombre qui est peut-être encore supérieure au créole noir comme taille et comme vigueur. Car, pour être une bonne blanchisseuse, il faut avoir une peau insensible au soleil, aussi bien qu'une très robuste constitution. Une porteuse commence à voyager vers neuf ou dix ans, mais nulle jeune fille n'est assez forte pour apprendre le métier de blanchisseuse avant ses douze ans révolus. La tâche de la blanchisseuse est plus dure que celle de toutes les autres travailleuses de la Martinique ; elle travaille sans relâche pendant treize heures de suite, et, la plupart du temps en plein soleil, debout jusqu'aux genoux dans l'eau qui descend glacée des montagnes. Son travail la fait transpirer abondamment, et si elle se risque à se rafraîchir en se trempant tout à fait dans la rivière, elle attrapera presque sûrement la pleurésie. Ce travail tue toutes celles qui s'y adonnent plus d'un certain nombre d'années : « *Nou ka mo toute d'leau* » (Nous mourrons toutes de l'eau), me confia l'une d'elles, un jour. Aucune personne faible, ou au teint clair, ne saurait se risquer sans danger à ce travail, ne fût-ce pour une seule journée, et une jeune fille un peu débile, obligée à faire sa propre lessive, se

1 Hearn avait évoqué des « bright mulattoes », donc des mulâtresses de peau très claire.

rend rarement à la rivière. Pourtant je fus un jour témoin d'un exemple de témérité de ce genre. Une jolie « *sang-mêlé* » de dix-huit ou dix-neuf ans environ, qui, j'appris plus tard, venait de perdre sa mère, et se trouvait dans le dénuement le plus absolu, – descendit les marches de pierre qui conduisent à la rivière, balançant sur sa tête un petit paquet de linge. Deux ou trois blanchisseuses s'interrompirent dans leur besogne pour la regarder, et l'une d'elles, une grande câpresse, lui demanda malicieusement:

– *Ou vini pouend ou bain?* (Vous venez donc prendre votre bain ?)

– *Non, moin vini laver.* (Non, je viens laver.)

– *Aïe ! Aïe ! Aïe ! y vini lavé !*

Et toutes se mirent à rire.

– *Ess ou fou ?* (Es-tu folle ?)

Et la grande câpresse saisit le paquet de la jeune fille, le défit, jeta un vêtement à la voisine, un autre à la prochaine blanchisseuse, et ainsi de suite, divisant le travail entre un groupe d'amies, en disant à l'enfant :

– *Nou ké lavé toute ça ba ou bien vite, ché, – va amisé ou !* (Nous laverons tout cela pour toi bien plus vite, chère, va t'amuser.)

Ces excellentes femmes firent plus encore, elles se cotisèrent pour payer un bon déjeuner à la jeune orpheline lorsque la « *machanne manger* », – la « marchande à manger », passa à son heure habituelle, avec du poisson frit, des œufs, de la farine de manioc, et des bananes.

II

Celles qui font la lessive à la Rivière ne sont pas toutes des blanchisseuses de métier. Des centaines de femmes, trop pauvres pour faire laver leur linge, travaillent pour leur propre compte à la Roxelane, et beaucoup de bonnes y font la lessive de leurs maîtres. Mais, si les professionnelles n'occupent pas toujours une certaine partie du chenal, on les reconnaîtrait facilement à leur façon méthodique et rapide de travailler, à l'aise avec laquelle elles manipulent de grandes mannes de linge, et surtout à leur manière de le battre contre les rochers. De plus, les vraies blanchisseuses sont très souvent des professeurs, des patronnes *(bougeoises)* qui ont à leurs côtés leurs apprenties, jeunes filles de douze à seize ans. Et c'est parmi ces apprenties que se trouvent beaucoup de jolies filles que les badauds, appuyés aux parapets des ponts, se plaisent à dévisager.

Si, après une année d'apprentissage, l'apprentie ne révèle pas de dispositions à devenir une bonne blanchisseuse, il est à craindre qu'elle ne le devienne jamais. Il y a également certaines branches du métier qui nécessitent un apprentissage beaucoup plus long que d'autres. La jeune fille apprend d'abord à savonner et à laver le linge dans la rivière, – cette opération s'appelle en créole « *frotté* ». Quand elle accomplit cette tâche avec suffisamment d'adresse, on lui enseigne l'art curieux de « *fesser* » le linge. On entend le bruit d'une « *fessée* » de très loin, se répercutant parmi les mornes. Ce n'est pas un bruit sec comme semblerait l'indiquer son nom, mais un son lourd et creux qui ressemble exactement à celui d'une hache fendant le bois. Cela y ressemble même à un tel point qu'en l'entendant pour la première fois on lève instinctivement la tête vers les mornes, croyant y découvrir des bûcherons au travail. Ce bruit est produit par le linge que l'on bat contre les flancs des rochers. Quand une pièce a été bien frottée et rincée, on la replie en une sorte de gerbe bizarre, et on la saisit par l'extrémité la plus petite pour la « fesser ». Puis on la plie en sens inverse pour « fesser » le côté opposé. Ce procédé expulse toute l'eau de savon qui n'est pas partie au cours du rinçage, mais il faut beaucoup d'adresse pour éviter de déchirer le linge. Une blanchisseuse accomplie ne déchire jamais le linge, et même des boutons de nacre sont moins endommagés qu'on ne pourrait le croire. L'écho singulier tient à la manière de plier le linge pour la « fessée ».

Après cela, le linge est étendu sur les rochers, au soleil, pour le premier blanchiment *(pouèmiè lablanie).* Le soir on le recueille sur de grands plateaux de bois et on le porte à la maison de lessive *(lacaïe lessive)* qui domine la rivière, sur le quai du Fort en face de l'extrémité la plus élevée de la Savane. Ici chaque lavandière loue une ou plusieurs lessiveuses pour deux, trois ou dix sous, et elle laisse cofiler son linge pendant la nuit. Des veilleurs le gardent. Avant l'aube on le passe à l'eau chaude ; puis on le rapporte à la rivière, on le rince une deuxième fois, on le fait blanchir de nouveau, on le passe au bleu et on l'amidonne. Il est alors prêt pour le repassage. Bien repasser est la partie la plus difficile du métier. Lorsqu'une apprentie sait repasser convenablement une chemise[1] d'homme, elle a achevé son apprentissage : elle devient une *ouvouïyé* (ouvrière).

La blanchisseuse gagne beaucoup d'argent, même pour un pays où les salaires sont excessivement bas. Il n'y a pas de prix fixe, et il est même habituel de marchander les femmes d'avance. Les chemises et les pantalons d'homme varient de six à huit sous sur votre note de blanchissage, mais le reste du linge est beaucoup moins cher. J'ai vu une fois un lot de trente-trois pièces, qui comprenait des draps, des couvertures, des douillettes, pour lequel on n'a demandé que trois francs ! Les bonnes qui vont faire la lessive à la rivière égarent souvent le linge, – mais cela n'arrive que très rarement aux blanchisseuses de métier. Très peu d'entre elles comprennent les marques qui sont inscrites sur le linge de corps, et lorsque

1 Non seulement une chemise, mais aussi un pantalon blanc « and a pair of white pantaloons ».

vous percevez le long de la rivière cette désolation de linge éparpillé, et l'apparente confusion qui y règne, vous n'arrivez pas à comprendre comment ces femmes peuvent le trier et le classer. Elles le font admirablement et c'est peut-être à cause de cela qu'elles peuvent demander d'aussi bons prix. C'est une mauvaise économie, que de confier son linge à ses domestiques, car avec les lavandières professionnelles il est en toute sécurité.

Une bonne blanchisseuse peut très bien arriver à se faire vingt-cinq à trente francs par semaine, ou une moyenne de cent francs par mois.

Sans doute c'est cette facilité de gagner de bons salaires qui contribue à tenter la blanchisseuse à continuer son métier jusqu'à ce qu'il la tue. La « maladie de l'eau », comme elles l'appellent, se déclare vers l'âge mûr. Les pieds, les mollets et le ventre se mettent à enfler démesurément, tandis que le visage devient presque émacié. Puis peu à peu les tissus cèdent, les muscles se détendent et tout le physique se détériore. Cependant la blanchisseuse est essentiellement sobre, jamais elle ne boit. Du reste elle est sobre par nécessité ; elle n'oserait pas avaler une goutte d'alcool tandis qu'elle travaille les pieds dans l'eau froide. Tous les Martiniquais, même les petits enfants, supportent le rhum, sauf la blanchisseuse, à moins qu'elle ne veuille mourir d'une congestion. Sa boisson la plus forte est le « mabé », espèce de bière de mélasse légère, effervescente et, à mon idée, fort désagréable.

III

Elles se rendent au travail toujours avant l'aube, alors que les vapeurs des mornes remplissent l'air de l'odeur de végétation moisie, – odeurs de terre, odeurs d'herbes. Il n'y a encore qu'une vague lumière grise, et l'eau de la rivière est très froide.

Une à une, elles arrivent, pieds nus sous leurs fardeaux dressés en forme de tours sur des plateaux ; – silencieusement, comme des fantômes, elles descendent les degrés jusqu'au lit de la rivière, et commencent à déplier et à faire tremper le linge. Elles se saluent les unes les autres et puis se taisent de nouveau. Elles parlent à peine ; le cœur de toutes est alourdi par la lourdeur de l'heure. Mais la lumière grise jaunit, le soleil monte au-dessus des cimes ; le jour transforme l'eau sombre en du cristal vivant ; alors, toutes, elles se mettent à bavarder un peu. La ville s'éveille ; les courants de la vie quotidienne circulent de nouveau ; d'abord lentement et imperceptiblement, puis vite et fort, dans toutes les rues jaunes, à travers la Savane et sur les ponts. Les passants s'arrêtent et crient : « Bonjou, ché ! » Les badauds dévisagent quelque jolie lavandière, qui après un instant les désigne ironiquement en criant : « *Gadé Missié a ka guetté nous ! Anh ! anh ! anh !* ». Et les autres, levant la tête, répètent le gémissement de *anh ! anh ! anh !* jusqu'à ce que les admirateurs battent précipitamment en retraite. L'air devient plus chaud, le ciel s'enflamme ; la grande lumière crée de la joie pour les lavandières. Elles s'interpellent de loin, elles chantent, rient et plaisantent. Le parler de ces femmes est sonore, une longue habitude de s'interpeller par-dessus le grondement du torrent a donné à leurs voix une sonorité et une force extraordinaire. Il faut les avoir entendu chanter. L'une d'elles commence la chanson, une autre la reprend, puis une autre, et une autre encore, jusqu'à ce que tout le chenal, du pont du Jardin des Plantes jusqu'au pont Bois, résonne avec la mélodie.

C'est moin qui té ka lavé,
Passé, raccommodé :
Y té nef hé disoué
Ouametté moin derho, –
Yché moin assous bouas moin ;

La plie té ka tombé
Léfan moin assous tête moin
« Doudoux ou m'abandonne
Moin pas ni pésonne pou soigné main !

(C'était moi qui lavais, qui repassais et qui raccommodais. À neuf heures un soir, tu m'as mise à la porte, mon enfant sur les bras, mon pauvre matelas de paille sur la tête ! Doudoux, tu m'abandonnes ? Je n'ai plus personne pour s'occuper de moi !)

C'est un chant mélancolique, improvisation créole composée pour faire honte à celui qui avait accompli cet acte cruel. Mais c'est aussi l'histoire de beaucoup de ces vies, l'histoire de femmes affectueuses, unies momentanément à des hommes brutaux et indignes, dans un pays où les mariages légaux sont rares. La moitié des chansons créoles que j'ai pu recueillir pendant mon séjour de deux années à la Martinique ont toutes le même triste thème. Parmi ces chansons, la complainte appelée « *Ché Manman moin* » est celle que préfèrent les blanchisseuses plus âgées, et elle contient un pathos qui est unique dans la tradition orale de ce peuple. Voici une traduction de ces trois strophes, qui ne contient pas, malheureusement, le charme enfantin du patois original :

CHÉ MANMAN MOIN

I

Chère Maman, tu fus une fois jeune comme moi ; cher Papa toi aussi tu as été jeune ; cher grand frère aîné, tu as été jeune également. Ah ! laissez-moi chérir cette douce amitié. Mon cœur est si malade, mon pauvre cœur. L'amour, et l'amour seul saura le guérir.

II

... O yeux maudits qu'il a vantés et qui m'ont menée à lui ! O lèvres maudites qui ne cessaient de répéter son nom ! O moment maudit où je donnais mon cœur à l'ingrat qui ne sait plus m'aimer...

III

Doudoux, tu m'as juré par le ciel... doudoux, tu m'as juré par la foi ! Et maintenant tu ne reviens plus me trouver ! Oh ! mon cœur se flétrit de chagrin !... Je passais devant le cimetière, je vis mon nom sur une pierre, – tout seul. Je vis deux roses blanches, – et en un instant l'une d'elles se flétrit et s'effeuilla devant moi. C'est ainsi que sera mon pauvre cœur oublié...

Pourtant la mélodie de cette chanson n'est pas aussi charmante que celle d'une petite complainte que toute créole connaît, et que l'on entend encore souvent à la rivière. *To-To-To !* (patois du français *toc*) est une onomatopée pour le bruit de frapper à une porte :

– To-to-to ! Ça qui là ?
– C'est moin-mênme, lanmou ; –
Ouvé lapott ba moin !

– To-to-to ! – Ça qui là ?
– C'est moin mênme, lanmou ; –
Qui ka ba ou ké moin !

– To-to-to ! Ça qui là ?
– C'est moin-mênme, lanmou ;
– Laplie ka mouillé moin !

– Toc-toc-toc ! Qui est là ?
– C'est moi-même, l'amour !
– Ouvre ta porte !

– Toc-toc-toc ! Qui est là ?
– C'est moi-même, l'amour,
– Qui te donne mon cœur !

– Toc-toc-toc ! Qui est là ?
– C'est moi-même l'amour.
– Ouvre ta porte, la pluie me mouille !

Mais le plus souvent les blanchisseuses chantent des refrains gais, moqueurs, des compositions de carnaval dans lesquelles le sentiment africain de la mélodie rythmique apparaît plus nettement, comme par exemple : « *Marie-Clémence maudi* », « *Loéma tombé* » ou « *Quand ou ni ti mari jojoll* » (Quand vous avez un petit mari joli !)

À midi, la « *machanne mangé* » fait sa tournée avec ses suivantes, portant des plats de poissons frits, d'akras, de haricots, et des bouteilles de « mabé ». Les blanchisseuses achètent leur déjeuner, et le mangent les pieds dans l'eau, se servant des rochers comme de tables. Chacune a apporté un petit gobelet d'étain pour boire son mabé.

Puis le travail, les chants et le bruit des « fessées » reprennent. L'après-midi s'étire, c'est la sortie des écoles : des enfants de toutes espèces de couleurs belles et variées viennent à la rivière, et dégringolent les escaliers en criant : « *Eti, Manman ! Sésé ! Nennéine !* » appelant leur mères, leurs sœurs et leurs marraines. Et les petits garçons, se déshabillant, pataugent dans l'eau. Vers le coucher du soleil, les travailleuses les plus actives commencent à ramasser leur linge et à l'empiler sur les plateaux. Vers six heures du soir, le lit de la rivière est presque désert... les femmes sont parties. Quelques-unes s'attardent encore sur la Savane à regarder la dernière à les rejoindre. Un grand rire s'élève toujours à la vue de la retardataire qui quitte hâtivement le chenal. Elles lui demandent si elle n'a pas oublié « de fermer la rivière à clef ? » – *Ou fermé la pote la rivié, ché, anh ?*

– *Ah oui ! ché ! Moin fémé y ou tanne ! Moin ni laclé à !* (Oh ! oui, chère, je l'ai fermée, tu entends, et j'ai la clef !)

Mais il y a des jours et des mois où elles ne chantent pas, – temps de détresse[1] ou d'épidémie lorsque le silence de la vallée n'est rompu que par le bruit du linge battu contre les rochers, et par la grande voix de la Roxelane qui chantera encore lorsque la ville aura cessé d'exister comme elle chantait il y a déjà cent mille ans passés.

– Pourquoi ne chantent-elles pas aujourd'hui ? demandai-je un jour, pendant l'été de 1887, année d'épidémie.

– *Yo ka pensé tout lanmizé yo, toute la peine yo !* me répondit-on. (Elles songent à toute leur misère, à toute leur peine.)

Néanmoins, dans toutes les saisons, tant qu'elles possèdent la force et la santé, elles travaillent dans le vent et dans le soleil, dans le brouillard et dans la pluie, lavant le linge des vivants et des morts, les douillettes blanches du nouveau-né, les robes blanches de la mariée, les linceuls blancs de ceux qui pénètrent dans le grand silence.

Et le torrent qui ronge les côtes des collines éternelles ronge aussi leurs vies, parfois lentement, lentement, comme s'use le basalte noir, – parfois brusquement, en un clin d'œil.

Un danger étrange menace continuellement les blanchisseuses, – la traîtrise du torrent. Regardez-les travailler et remarquez comme elles tournent souvent leurs regards vers le nord-

1 Le substantif anglais « want » se traduirait ici plutôt par « disette » ou « privation ».

est, pour surveiller la Pelée. La montagne Pelée les avertit d'avance. Quand tout Saint-Pierre est ensoleillé, et que la baie est bleue comme du lapis-lazuli, il peut y avoir de fortes pluies dans la région des grands bois, et parmi les vallées des cimes les plus élevées. Et de minces ruisseaux se transforment tout à coup en des torrents rugissants, qui surgissent soudainement des hauteurs, emportant sur leur courant rochers et arbres, dévastant les pentes. Et parfois le ravin de la Roxelane retentit d'un grondement qui ressemble à celui d'une éruption, accompagné d'un torrent d'eau écumante pareil à un flanc de montagne en marche ; ponts et maisons disparaissent sur son passage. En 1865, la Savane fut inondée, bien que dominant de très haut le lit de la rivière, et tous les ponts furent balayés à la mer.

Ainsi les blanchisseuses les plus âgées et les plus sages surveillent-elles la Pelée. Si un nuage l'entoure avec des éclairs, quelque brillant que le soleil puisse paraître à Saint-Pierre, elles donnent l'alarme ; le linge étendu à blanchir disparaît en quelques instants et tout le monde quitte le chenal. Mais parfois la Pelée oublie de donner ce signal amical avant la crue de la rivière, et bien des vies ont été perdues ainsi. La plupart des blanchisseuses sont de bonnes nageuses ; j'ai vu une de ces jeunes femmes nager à perte de vue dans la baie, pendant une heure de loisir. Mais aucun nageur, si fort qu'il soit, n'a de chance pendant une crue de la Roxelane. Ceux qui sont surpris par le torrent sont étourdis, écrasés contre des rochers et des débris. *Yo crazé,* dit le terme créole.

Parfois il advient qu'une des blanchisseuses, retournée chez elle pour quelques instants, revient à la rivière pour voir ses camarades qui s'enfuient en hâte, abandonnant leur linge. Mais elle ne veut pas perdre ainsi le linge qui lui a été confié. Elle court le ramasser malgré les cris de ses compagnes qui essayent de la retenir. Elle parvient au lit de la rivière, le torrent lui arrive déjà à la taille, mais elle est forte ; elle atteint le linge, le saisit, pièce par pièce, un, deux, cinq, sept ! Un rugissement retentit à ses oreilles, onze ! treize ! Elle a tout ramassé !

Mais maintenant les rochers remuent. Elle essaye de gagner les escaliers, éloignés seulement de quelques mètres. Mais l'instant d'après le tonnerre du déluge l'a surprise, et les rochers qui broient, et les arbres déracinés...

Peut-être avant le coucher du soleil un canotier la retrouvera-t-il, flottant au loin, dans la baie, flottant sur son visage au-dessus de mille pieds d'eau serrant toujours dans ses fidèles mains mortes la propriété de son maître.

NOTES DE L'AUTEUR ET DU TRADUCTEUR

LES PORTEUSES

i Extrait de l'Histoire de Marie :

… Manman-à té ni yon gouôs jà à caïe-li. Ja ta té touôp loude pou Marie. Cé té li menm manman là qui té kallé pouend dileau. Yon jou y pouend jà la pou y té allé poend dileau. Lhé Manman-à rivé bo la fontaine, y pas trouvé pésonne pou chàgé-y. Y rété ; y ka crié : « Toutt bon Chritien, vini chấgé moin ! »

Lhé Manman rété y oué pa té ni piess bon Chritien pou chấgé y. Y rété ; y crié : « Pouloss, si pa ni bon Chritien, ni mauvais Chritien ! toutt mauvais Chritien vini chấgé moin ! »

Lhé y fini di ça, y oué yon diable qui va vini, ka di conm ça : « Pou moin chấgé ou, ça ou ké baill moin ? » Manman-là di, – y réponne, « Moin pa ni arien ! » Diable-là réponne y : « Yi fay ba moin Marie pou moin pé chấgé ou ».

… Cette Maman avait une grande jarre dans sa maison. Cette jarre était trop lourde pour Marie. C'était cette Maman elle-même qui allait puiser l'eau. Un jour elle prit cette jarre pour chercher l'eau. Lorsque cette Maman fut parvenue à la fontaine, elle ne vit personne pour la charger. Elle s'y tenait en pleurant : « Tout bon chrétien, venez me charger ! »

Tandis que la Maman se tenait là, elle vit qu'il n'y avait pas un seul bon chrétien pour l'aider. Elle cria alors : « Eh bien, s'il n'y a pas de bon chrétien, – tout mauvais chrétien, venez m'aider ! » Dès qu'elle eut dit cela, elle vit arriver un diable qui lui demanda : « Si je te soulève cela qu'est-ce que tu me donneras ? » Cette Maman lui répondit : « Je n'ai rien ». Le diable lui répondit : « Il faut me donner Marie si tu veux que je te soulève ton fardeau ».

La Grande Anse

i – Y *batt li conm lambi* – « Il l'a battu comme un lambi » – est une expression que l'on entend souvent dans une cour de justice créole de la part d'un témoin dans un procès intenté pour voies de fait. Il faut avoir vu un *lambi* en train d'être pilé dans un mortier pour apprécier tout le pittoresque de la comparaison.

ii Moreau de Saint-Méry écrit, en faisant la description des tambours des nègres de Saint-Domingue : « Le plus court de ces tambours est nommé *Bamboula*, attendu qu'il est formé quelquefois d'un très gros bambou. » – *Description de la partie française de Saint-Domingue*, vol. 1, page 44.

Un revenant

i *Histoire Générale des Antilles habitées par les Français,* par le R. P. Dutertre, de l'Ordre des Frères Prêcheurs, Paris : 1661-71 (4 volumes).

ii Une des lumières vues sur la Caravelle était certainement portée par un voleur de bétail, – un nègre colosse qui avait la réputation d'être un sorcier, – un *quimboiseur*. La plus grande partie du promontoire montagneux de la Caravelle fut, à cette époque, la propriété d'un M. Eustache, qui s'en servait simplement pour élever du bétail. Il laissa ses bêtes courir à leur gré sur les collines ; elles se multiplièrent énormement et devinrent très sauvages. Malgré leur férocité, pourtant, un grand nombre étaient volées la nuit, tuées en secret et vendues par quelqu'un qui s'exerçait dans l'art de voler du bétail avec une lanterne et qui n'avait évidemment au- cune aide. On institua une surveillance et le voleur fut arrêté. Il se montra d'une assurance extraordinaire devant le magistrat, affirmant qu'il n'avait jamais volé un homme pauvre, – il avait seulement volé M. Eustache qui ne pouvait pas même compter ses bestiaux – *yon richard, mon ché !* Combien de vaches lui avez-vous volées ? demanda le magistrat. – « *Ess moin pé – moin té pouend yon savane pleine* » , répondit le prisonnier.

(Comment puis-je dire ? – j'en ai pris plein la Savane)... Condamné d'après ses propres aveux, il fut emprisonné. « *Moin pa ké rété la géôle* » , observa-t-il. (Je ne resterai pas en prison.) On lui mit les fers, mais le lendemain matin les fers furent trouvés par terre. Et le prisonnier n'y était pas. On ne le revit jamais à la Martinique.

iii *« Y sucoué souyé y assous quai-là ; – y ka di : « Moin ka maudi ou, Lanmatinique ! – moin ka maudi ou !... Ké ni mangé pou engnien : ou pa ké menm acheté y ! Ké ni touèle pou engnien : ou pa ké menm acheté robe ! Epi yche yé batt manman !... On banni moin ! – moin ké vini enco ! »*

iv *Note du traducteur.* Hearn écrivit ces pages en 1889.

v Le mot créole *moudongue* est, paraît-il, la corruption de *Mondongue,* une tribu cannibale de la côte africaine. Un esclave *Mondongue* était en général très redouté par ses compagnons d'autres tribus. Et le nom de la race cannibale se transforma en un adjectif signifiant tout ce qui était formidable ou terrible. Comme on craignait beaucoup un coup donné par un bâton du bois décrit plus haut, le terme fut d'abord appliqué au bâton et ensuite au bois même.

LA GUIABLESSE

i Un grillon colossal. A quatre heures et demie précises du matin, il se tait. Et pour des milliers de nègres trop pauvres pour posséder un réveil-matin, la cessation du chant du cabri-boi est le signe qu'il faut se lever.

ii – Où demeures-tu, chère?
– Les affaires de la chèvre ne sont point les affaires du lapin.
– Mais pourquoi es-tu toute habillée de noir ?
– Je porte le deuil de mon âme morte.
– Aïe ya yaie! Non, vraiment, où vas-tu maintenant?
– L'amour est parti. Je suis l'amour.
– Ah! tu as une guêpe, – un amant, n'est-ce pas?
– Le zanoli donne un bal, mais le maboya s'y rend sans être invité.

– Dis-moi où tu vas, chérie?
– Jusqu'à la rivière du Lézard.
– Fouinq ! il y a plus de trente kilomètres !
– Qu'importe? veux-tu m'accompagner ?

LA VERETTE

i *Bell laline, moin* ka *montré ou ti pièce moin, – ba moin làgent tout temps ou ka clairé* ...Cette petite invocation est, dit-on, plus efficace lorsqu'on la prononce en voyant la nouvelle lune pour la première fois.

ii Le prières se récitent en français. Le patois ne saurait exprimer les termes de métaphysique et de théologie ; et les auteurs de catéchismes créoles se voient toujours obligés d'emprunter et d'expliquer des phrases françaises afin de rendre leurs textes compréhensibles.

iii Porter le *madras,* c'est s'avouer être de couleur : suivre la mode européenne de se coiffer et adopter le costume des créoles blancs indique le désir de s'affilier à la classe blanche.

iv Voici une strophe d'une chanson créole très populaire à Saint-Pierre, et qui vante les charmes d'une petite câpresse :

« Moin toutt jeine,
Gouôs, gouàs, vaillant,
Peau di chapoti
Ka fai plaisi ;
Lapeau moin
Li bien poli ;
Et moin ka plai
Mênm tout nhomme grave !

Voici la traduction :

« Je suis toute jeune,
Grosse, grasse, vaillante,
Avec une peau de sapotillier

Qui fait plaisir.
Ma peau
Est si lisse,
Que je plais
Même aux hommes les plus graves. »

Saint-Pierre, Quartier du fort
(dominant la Roxelane)

TABLE DES MATIERES

TABLE DES ILLUSTRATIONS

COLLECTION
AUTREMENT MÊMES
conçue et dirigée par Roger Little
Professeur émérite de Trinity College Dublin,
Chevalier dans l'ordre national du mérite, Prix de l'Académie française etc.

Titres parus :

1. Lucie COUSTURIER, *Des inconnus chez moi*, présentation de Roger Little, avec une préface de René Maran
2. Armand CORRE, *Nos Créoles : étude politico-sociologique, 1890*, texte établi, présenté et annoté par Claude Thiébaut
3. MÉLESVILLE et Roger de BEAUVOIR, *Le Chevalier de Saint-Georges : comédie mêlée de chant en trois actes*, présentation de Sylvie Chalaye
4. PIGAULT-LEBRUN, *Le Blanc et le Noir : drame en quatre actes et en prose*, présentation de Roger Little
5. Pierre MILLE, *Barnavaux aux colonies*, suivi d'*Écrits sur la littérature coloniale*, présentation de Jennifer Yee
6. Sophie DOIN, *La Famille noire*, suivie de trois *Nouvelles blanches et noires*, présentation de Doris Y. Kadish
7. Élodie DUJON-JOURDAIN et Renée LÉGER-DORMOY, *Mémoires de Békées : textes inédits*, texte établi, présenté et annoté par Henriette Levillain
8. CONDORCET, *Réflexions sur l'esclavage de nègres et d'autres textes abolitionnistes*, présentation de David Williams
9. Lucie COUSTURIER, *Mes inconnus chez eux*, t.1 : *Mon amie Fatou, citadine* ; t.2 : *Mon ami Soumaré, laptot*, suivi d'un *Rapport sur le milieu familial en Afrique occidentale*, présentation de Roger Little, avec une préface de René Maran
10. Lafcadio HEARN, *Esquisses martiniquaises*, 2 tomes, traduction de Marc Logé, texte présenté et annoté par Mary Gallagher
11. *Les OURIKA du boulevard*, présentation de Sylvie Chalaye
12. *Histoire de Moulay Abelmeula*, présentation de Roger Little

Titres en perspective :

ANICET-BOURGEOIS et DUMANOIR, *Le Docteur noir*, présentation de Sylvie Chalaye

Aphra BEHN, *Oronoko*, traduction et adaptation de Pierre-Antoine de La Place, présentation de Curtis Small

Clotilde CHIVAS-BARON, *La Femme française aux colonies*, présentation de Aedín Ní Loingsigh

CONGO-OCEAN, présentation de Ieme van der Poel

Adélaïde DARD, *La Chaumière africaine*, présentation de Doris Y. Kadish

Maurice DELAFOSSE, *Les Nègres*, présentation de Bernard Mouralis

Emily EDEN, *Lettres choisies*, présentation de Laïli Dor

L'EXPEDITION LOANGO, 1873–1876, choix de textes, traduction et présentation de Sylvère Mbondobari

Olympe de GOUGES, *L'Esclavage des Noirs ou L'Heureux Naufrage*, précédé de *Zamor et Mirza* et suivi de *Réflexions sur les hommes nègres*, présentation de Sylvie Chalaye

L'abbé GREGOIRE, *Écrits sur les Noirs*, présentation de Rita Hermon-Belot

Octave GUILMOT, *Manga l'Africaine*, présentation de Jean-François Durand

Georges HARDY, *Une conquête morale*, présentation de Patricia Little

Lafcadio HEARN, *Un voyage d'été aux tropiques*, présentation de Mary Gallagher

Richard KANDT, *Caput Nili : Voyage aux sources du Nil*, traduction et présentation de János Riesz

Marius-Ary LEBLOND, *Ulysse, cafre*, présentation de Jean Arrouye

J. LEVILLOUX, *Les Créoles*, présentation de Chantal Maignan et André Claverie

Gabriel MAILHOL, *Le Philosophe nègre*, présentation de Romuald Fonkoua

Louis de MAYNARD DE QUEILHE, *Outre-mer*, présentation de Maeve McCusker

Nouvelles du héros noir, présentation de Roger Little

Robert RANDAU, *Le Chef des porte-plume*, présentation de János Riesz

Charles RENEL, *L'Oncle d'Afrique*, présentation de Claude Bavoux

Baron ROGER, *Kelédor* suivi des *Fables sénégalaises*, présentation de Kusum Aggarwal

Albert SARRAUT, *Grandeur et servitude coloniales*, présentation de Nicola Cooper

Anaïs SÉGALAS, *Récits des Antilles : le Bois de la Soufrière*, suivis d'un choix de poèmes, présentation de Adrianna Paliyenko

SOULOUQUE vu d'Europe, présentation de Léon-François Hoffmann et C. Hermann Middelanis

Jérôme et Jean THARAUD, *La Randonnée de Samba Diouf*, présentation de Véronique Porra

627249 - Novembre 2015
Achevé d'imprimer par

1livre.com
du rêve à la réalité !